RORORO SPORT
HERAUSGEGEBEN VON BERND GOTTWALD

Rolf Mayer

TORSCHUSSTRAINING FUSSBALL

DIE BESTEN PROGRAMME

Rowohlt

Originalausgabe

Veröffentlicht im Rowohlt Taschenbuch Verlag
GmbH, Reinbek bei Hamburg, März 2001
Copyright © 2001 by Rowohlt Taschenbuch
Verlag GmbH, Reinbek bei Hamburg
Umschlaggestaltung Büro Hamburg, Susanne Reizlein
(Foto: IFA-Bilderteam-Weststock)
Graphiken Daniel Sauthoff
Satz Minion und Syntax PostScript, QuarkXPress 4.1
Gesamtherstellung Clausen & Bosse, Leck
Printed in Germany
ISBN 3 49961006 X

INHALT

Einleitung   7

DER TORSCHUSS IM MODERNEN FUSSBALL   9

Ursache für Defizite beim Torabschluss   11
Folgerungen für das Torschusstraining   12
Ziele des Torschusstrainings   13
Der Torschuss aus taktischer Sicht – Empfehlungen   14
Trainingsgrundsätze zum Torschusstraining   15
Trainingsorganisatorische und
trainingsmethodische Tipps   15
Gestaltung des Torschusstrainings   17
Torschusstraining im
Kinder- und Jugendbereich   18
Die Schussarten   20
VOLLSPANNSTOSS 21 · INNENSPANNSTOSS 22
AUSSENSPANNSTOSS 23 · DROPKICK 24 · INNENSEITSTOSS 25
HÜFTDREHSTOSS 26 · FALLRÜCKZIEHER 27 · KOPFBALL 27
FEHLER BEIM TORSCHUSS 28
Die Korrektur von Schusstechniken   29
Zur Handhabung der Spiel- u. Übungsformen   31

DIE PRAXIS   33

Torschuss im verkürzten Raum   35
Torschuss-Spiele   95
Torschuss nach Laufvorgaben   133

Literatur   160
Der Autor   160

DANK

Es ist mir wiederum ein besonderes Anliegen, mich bei allen jenen zu bedanken, die mich bei der Erstellung dieses Buches unterstützten.

Meinen besonderen Dank richte ich an *Lutz Hangartner*, Sportdozent an der Uni Freiburg und erfolgreicher Trainer der deutschen Studenten-Fußballnationalmannschaft, der mir zum wiederholten Male mit umfassenden, fachkompetenten Anregungen zur Seite stand.

Bei meinem Freund und Kollegen *Michael Fuchs* bedanke ich mich herzlich für die erneute Überarbeitung des Theoriemanuskripts.

Ebenso danken möchte ich meinem Kollegen *Werner Knaus*, der mir, wie in meinen vorangegangenen Büchern, mit seinen Tipps eine unverzichtbare Hilfe war.

Ganz besonders möchte ich mich bei meinem geschätzten Trainerkollegen *Uwe Lutz* bedanken, der sich die Mühe machte und alle Programme in der Praxis erprobte.

Im selben Maße Dank schuldig bin ich meinen langjährigen Trainerkollegen *Georg Krammerbauer*, *Jürgen Geigle*, *Hakan Göktürk* und *Hansi Rau*, die die Praxisbeispiele kapitelweise erprobten und damit optimieren halfen.

Danken möchte ich auch der Firma «adidas» für die Ausstattung, *Helmut Schmitt* für das Foto und *Thomas Jentsch* für seine Hilfe am PC.

Zum Schluss möchte ich es nicht versäumen, auch meine Frau Silvia und unseren Sohn Timo in meinen Dank einzubeziehen, denn mit deren Nachsicht ist dieses nunmehr vierte Buch erst möglich geworden.

EINLEITUNG

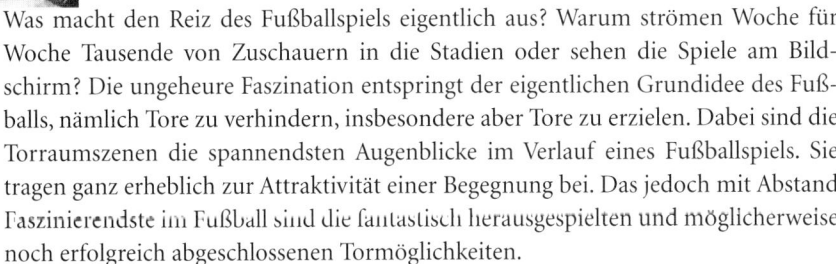

Was macht den Reiz des Fußballspiels eigentlich aus? Warum strömen Woche für Woche Tausende von Zuschauern in die Stadien oder sehen die Spiele am Bildschirm? Die ungeheure Faszination entspringt der eigentlichen Grundidee des Fußballs, nämlich Tore zu verhindern, insbesondere aber Tore zu erzielen. Dabei sind die Torraumszenen die spannendsten Augenblicke im Verlauf eines Fußballspiels. Sie tragen ganz erheblich zur Attraktivität einer Begegnung bei. Das jedoch mit Abstand Faszinierendste im Fußball sind die fantastisch herausgespielten und möglicherweise noch erfolgreich abgeschlossenen Tormöglichkeiten.

Da sich das Fußballspiel hinsichtlich Taktik, Spieltempo und Athletik stark verändert hat, werden auch die Anforderungen an die Spieler in Bezug auf einen erfolgreichen Torabschluss immer höher. Diesem Umstand gilt es Rechnung zu tragen, indem das Torschusstraining verstärkt Berücksichtigung im Training findet, vor allem aber effizienter, sprich spielgerechter gestaltet wird.

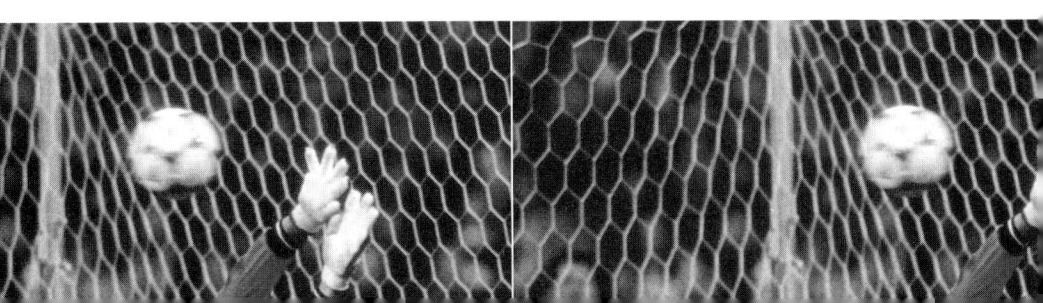

DER TORSCHUSS IM MODERNEN FUSSBALL

Um den Torschuss im modernen Fußball näher beleuchten zu können, möchte ich auf die Erkenntnisse einiger Untersuchungen zurückgreifen, die sich mit dem Torschuss in den oberen Leistungsbereichen auseinander setzten. Dabei wurde beispielsweise überprüft:

- von wo aus Tore erzielt werden,
- wie die Tore geschossen werden,
- in welchen Zeiträumen sie erzielt werden,
- welche Torvorbereitung sich am effektivsten erweist.

Aus diesen Analysen ergaben sich vereinfacht zusammengefasst folgende Entwicklungstendenzen:

❶ Die meisten Tore gelingen innerhalb des Strafraums, am ehesten zwischen dem Fünf-Meter-Raum und dem Elfmeterpunkt.

❷ Sehr häufig fallen sie auch auf der Höhe des zweiten Pfostens.

❸ Der Prozentsatz geschossener Tore von außerhalb des Strafraums ist verschwindend gering.

❹ Die weitaus meisten Tore fallen nach nur einem Ballkontakt.

❺ Jedes fünfte Tor wird per «Kopf» erzielt.

❻ Die technische Ausführung variiert je nach Situation. Geschobene Bälle nach einer Täuschung sind ebenso zu sehen, wie knallharte Spannstöße oder elegante Heber.

❼ Die meisten Zuspiele erfolgen aus dem Strafraum heraus; viele Anspiele kommen aber auch nach Flügelspiel, ganz besonders nach Durchbrüchen zur Grundlinie.

URSACHE FÜR DEFIZITE BEIM TORABSCHLUSS

Das grundlegende Ziel des Fußballspiels ist es, so viele Tore wie möglich zu erzielen. Diese Grundforderung hat für alle Klassen Gültigkeit. Die Spielrealität belegt jedoch (von wenigen Ausnahmen abgesehen) durch ihre Resultate, dass im Fußball relativ wenig Tore fallen. Entweder enden viele Spiele torlos oder mit knappen Ergebnissen. Natürlich wird dadurch im Wettspiel eine gewisse Spannung erzeugt. Aber ist es nicht so, dass im Falle eines torlosen Spiels möglicherweise die Würze – sprich: die Tore – fehlen? Wie dem auch sei. Die Gründe für die mangelnde Torausbeute sind jedenfalls vielschichtig. Sie sind zum einen im Wettspiel, aber auch im Training zu suchen. Wenden wir uns zunächst dem *Wettspiel* zu.

Das Fußballspiel hat sich in den letzten Jahren erheblich geändert, es ist schneller und athletischer geworden. Auch taktisch vollzog sich ein deutlicher Wandel. Folglich gestalten sich auch Torschusssituationen heute etwas anders als noch vor Jahren. Sie sind mehr denn je gekennzeichnet durch:

- *Hohen zeitlichen Druck:*
  Das erhöhte Laufvermögen der Spieler ermöglicht durch «Verschieben», «Jagen» oder gar «Pressen» ein Überzahlspiel der Abwehrspieler, was ein Zusammenspiel der Angreifer deutlich erschwert.
- *Maximalen räumlichen Druck:*
  Durch die Enge des Raumes aufgrund des Überzahlspiels ist die Ballkontrolle bzw. das Zuspiel wesentlich schwieriger.
- *Starken körperlichen Druck:*
  Die Gegenspieler sind heute weitaus robuster, athletischer und durchtrainierter als vor Jahren. Sie decken nicht nur eng – nein, sie halten, drücken, zerren und schieben auch beim Torschuss.
- *Hohen psychischen Druck:*
  Besonders bei wenigen erspielten Torchancen steigt der Druck mit jeder Torschussgelegenheit. Jeder Chance kommt eine erhöhte Bedeutung bei. Ein Versagen beim Torschuss kann zur Schlüsselsituation für ein Spiel werden, Verunsicherung sowohl beim Schützen als auch bei der Mannschaft kann sich breit machen.

Eine andere Erklärung für einen mangelnden Torabschluss kann allerdings auch im *Training* zu suchen sein. Auch hier sind die Gründe vielschichtig. Sie lassen sich jedoch im Wesentlichen auf zwei Komponenten reduzieren, denn entweder wird das Torschusstraining unregelmäßig durchgeführt (quantitative Komponente) oder es ist nicht genügend an den wirklichen Spielanforderungen ausgerichtet (qualitative Komponente).

Überdies entsteht beim Torschusstraining gelegentlich zu viel Leerlauf infolge unökonomischer Trainingsorganisation, nämlich dann, wenn die Zeitspanne zwischen den einzelnen Wiederholungen zu lang ist.

Ferner wird das Training des Torschusses meist zu knapp bemessen, d. h., die Anzahl der Wiederholungen ist zu gering, um einen Lerneffekt zu erzeugen. Erschwerend kommt hinzu, dass bei der Gestaltung des Torschusstrainings oft methodische Grundprinzipien unberücksichtigt bleiben und kein systematischer Aufbau erfolgt.

Darüber hinaus erfolgen auf Fehlleistungen der Spieler allzu oft wenig brauchbare Korrekturen durch den Trainer und nur selten warten Übungsleiter mit praktischen Tipps zur Optimierung vorgegebener Übungen auf.

Dann und wann mag sich ein Torschusstraining auch aus immer wieder gleichen Übungsformen zusammensetzen, was dann auf Kosten der Konzentration und Freude geht.

Ganz besonders markant jedoch ist, dass viele Trainingsformen zum Torschuss zu wenig spielrelevant sind. Mit anderen Worten, sie laufen losgelöst von realen Spielsituationen ohne gegnerischen Druck und ohne Zeitnot ab. Der Gegnerdruck ist es aber gerade, der das zentrale Merkmal der Angriffssituation darstellt.

FOLGERUNGEN FÜR DAS TORSCHUSSTRAINING

Wenngleich eine Übertragung dieser aus dem Profibereich gewonnenen Erkenntnisse auf den Jugend- und Amateurbereich zu relativieren ist, lassen sich aus meiner Sicht trotzdem richtige Schlüsse für eine Überarbeitung des traditionellen Torschusstrainings ableiten. Sie sind im Wesentlichen auf folgende Kernsätze reduzierbar.

Ein optimal auf die Wettspielanforderungen vorbereitendes Torschusstraining sollte in allen Alters- und Leistungsklassen ...

- verstärkt Spielformen im und um den Strafraum herum berücksichtigen,
- auch in Spielformen im verkürzten Raum zwischen zwei von Torhütern gehüteten Toren Berücksichtigung finden,

- Torschussformen auch in den Strafraum verlagern, selbst wenn dies nicht sonderlich motivierend für die Torhüter ist,
- den schnellen Torabschluss in den Mittelpunkt stellen, d. h., Bälle werden nicht mehr gestoppt, höchstens an- und mitgenommen, wenn nicht sogar direkt verwertet,
- den Torschuss gleichermaßen über die Mitte wie über die Flügel vorbereiten,
- die traditionellen Grundübungen zum Torschuss nicht ausklammern, weil diese die korrekte Schusstechnik und die spezielle Kraftentwicklung am besten schulen.

ZIELE DES TORSCHUSSTRAININGS

Um ein effizientes Torschusstraining zu absolvieren, gilt es, spezifische Schwerpunkte zu setzen. Dabei kann der Torschuss prinzipiell unter verschiedenen Zielsetzungen durchgeführt werden:

- *Verbesserung der technischen Fertigkeiten:*
  Hier wird eine Vielfalt von Torschuss-Situationen angeboten, die den Spielern vielseitige Übungsvarianten einräumen und dem Trainer die Gelegenheit zur Korrektur bieten.
  Bei dieser Form des Torschusses ist die ganze Bandbreite der Torschusstechniken einzufordern: Schüsse vom Boden, aus der Luft, Dropkicks, Seitdrehstöße (Hüftdrehstoß), Fallrückzieher usw.
- *Schulung des konditionellen Aspektes:*
  Dabei gilt es, Elemente des Antritts, des Richtungswechsels, der Koordination, der Gewandtheit und der Reaktion mit in die (Torschuss-)Übungen zu integrieren. Sie werden aber auch im Rahmen eines spielgemäßen Torschusstrainings geschult.
- *Akzentuierung der taktischen Ausbildung:*
  Steht die taktische Ausbildung im Vordergrund, so ist es erstrebenswert, über den systematischen Aufbau der Individual- und Gruppentaktik die Mannschaftstaktik zu entwickeln.
  Thematisch umfassen diese Trainingsformen alle Übungs- und Spielformen, die den Gegner mit einbeziehen. Nun heißt es, unter Raum- und Zeitdruck zu agieren und zu reagieren, das Spiel mit und ohne Ball abzustimmen, Kreativität zu entwickeln, Verantwortung und Entscheidungsfähigkeit in die Waagschale zu werfen, kurz: Unter Wettspielbedingungen den Torschuss vorzubereiten und anzubringen.

- *Betonung der Motivation:*
  Unter motivationalem Gesichtspunkt stehen natürlich der Spaß und die Freude im Mittelpunkt. Hierbei gilt es, die Spieler in erster Linie möglichst oft auf das Tor schießen zu lassen. Schüsse unterschiedlichster Art, aus den verschiedensten Positionen und Entfernungen, auch als Wettbewerb zwischen Gruppen bzw. Torhütern, sollen den Spielern beim Überwinden des Torhüters die nötigen Erfolgserlebnisse vermitteln.

DER TORSCHUSS AUS TAKTISCHER SICHT – EMPFEHLUNGEN

Der erfolgreiche Torschuss hängt weniger von der Härte als vielmehr von der Präzision des Schusses ab. Neben einer soliden Technik gehören gute Nerven, die nötige Intuition, vor allem aber auch taktisches Geschick dazu.

Aus taktischer Sicht ergeben sich folgende Empfehlungen für den Torschuss:

- Schüsse aus kurzer Distanz sind umso gefährlicher, je überraschender sie für den Torhüter abgegeben werden. Weite Ausholbewegungen sind deshalb möglichst zu vermeiden. Ein kurzes Zuspiel sollte deshalb eher direkt, also ohne Ballannahme verwertet werden.
- Torschüsse aus kurzer Entfernung gilt es präzise als Zielstöße in die Ecken des Tores zu schieben oder zu zirkeln. Hierzu wird die Torecke anvisiert.
- Weitschüsse werden wuchtig und mit voller Schärfe in eine der beiden Torecken geschossen. Dazu wird die Lücke zwischen Torhüter und Torpfosten ins Visier genommen.
- Große Erfolgsaussichten haben so genannte «verdeckte» Schüsse. Dabei wird oft aus der Drehung geschossen.
- Bei nassem Untergrund sind flache Schüsse, die aufsetzen, besonders erfolgversprechend.
- Jeder Torhüter hat eine schwächere Seite. Meistens ist es seine linke Seite (Hand). Natürlich sind Schüsse in diese Ecke eher von Erfolg gekrönt.
- Steht ein Torwart zu weit vor dem Tor, bietet sich ein Heber an.
- Finten vor dem Schuss verleiten den Torhüter eventuell zu Fehlreaktionen. So in die Irre geleitet, wird er auf dem falschen Fuß erwischt und ausgespielt.
- Nach jedem Torschuss ist mit einem Abpraller oder einer Fehlreaktion des Torhüters bzw. Gegenspielers zu rechnen. Das Nachsetzen bis zum Abschluss der Aktion ist somit unverzichtbar.

TRAININGSGRUNDSÄTZE ZUM TORSCHUSSTRAINING

Auch bei der Schulung des Torabschlusses gibt es bekannte Trainingsgrundsätze und Trainingsprinzipien zu beachten, wie zum Beispiel:

- Innerhalb einer komplexen Trainingseinheit ist das Torschusstraining frühestens zu Beginn des zweiten Drittels innerhalb der Einheit, also nach einer gründlichen Erwärmungs-, Dehnungs- und evtl. Koordinationsphase einzubauen.
- Die Schulung des Torschusses sollte nicht im ermüdeten Zustand erfolgen.
- Beim Torschusstraining ist stets auf die Schulung der Beidfüßigkeit zu achten.
- Die zeitliche Spanne zwischen den einzelnen Übungswiederholungen ist möglichst kurz zu halten.
- Des Lernerfolges und der Effektivität wegen ist es notwendig, die vorgegebenen Übungen oft genug absolvieren zu lassen.
- Nach Möglichkeit gehen die Torschussübungen mit einer gezielten, konstruktiven Kommentierung bzw. Korrektur des Übungsleiters einher (vgl. S. 30).
- Trainingsprinzipien wie vom Einfachen zum Komplizierten, vom Bekannten zum Unbekannten, Wechsel von Belastung und Erholung, Wiederholung und Variabilität, Anschaulichkeit werden auch beim Torschusstraining berücksichtigt.

TRAININGSORGANISATORISCHE UND TRAININGSMETHODISCHE TIPPS

- Oberstes Ziel aus trainingsorganisatorischer Sicht ist es, den oft zu großen «Leerlauf» aufgrund einer unökonomischen Trainingsorganisation zu vermeiden. Die wohl beste Form, die Trainingseffektivität zu steigern, ist die Anschaffung eines zusätzlichen tragbaren Tores. Dies hat zur Folge, dass die Gestaltung des Torschusstrainings erheblich vielseitiger und variabler wird. Vor allem aber werden die Gruppen vor den Toren kleiner, d. h., die Spieler kommen schneller und häufiger zum Torschuss.
- Es hat sich in der Praxis bewährt, bei der Organisation des Torschusstrainings auf vorhandene Trainingshilfen wie Kegel oder Stangen zurückzugreifen, denn sie
  - dienen gelegentlich auch als Tore;
  - verweisen auf Start- bzw. Ausgangspunkte von Übungen;
  - markieren Lauf- oder Dribbelwege;

- verdeutlichen bestimmte Zonen oder Übungsbereiche;
- grenzen Zielfelder für Flanken oder Pässe ab oder simulieren Gegenspieler.

- Bei Torschuss-Spielen hat es sich der besseren Spielübersicht wegen als vorteilhaft erwiesen, die Spielpartner mit Trainingsleibchen auszustatten. Selbst bei ständig wechselnden Spielgruppen scheint mir der Aufwand, die Trikots überstreifen zu lassen, gerechtfertigt, weil so eine bessere Orientierung und damit ein besserer Spielfluss gewährleistet ist.

- Damit längere Spielunterbrechungen vermieden werden, liegen bei den Torschuss-Spielen stets genügend Ersatzbälle in den Toren. Dasselbe gilt bei Schüssen auf Hütchen- oder Stangentore.

- Werden mehrere Tore, Torschuss-Stationen oder Spielfelder geplant, so sind diese möglichst parallel zueinander anzulegen. Damit ist gewährleistet, dass fehlgeleitete Bälle nicht ständig in das benachbarte Feld rollen.

- Um das Bewusstsein der Spieler für den geplanten Trainingsablauf zu wecken und zu schärfen, aber auch um ihre Motivation zu steigern, ist es empfehlenswert, vor den Übungs- bzw. Spielformen zum Torschuss die jeweilige Trainingsintention zu verdeutlichen.

- Bei gleichzeitig miteinander ablaufenden Torschussformen zwischen zwei Toren (im verkürzten Raum), ist es dringend geboten, die Akteure vor jeder neuen Übung ausdrücklich darauf hinzuweisen, dass die wartenden Spieler an den Markierungen neben den gegenüberstehenden Toren
  - hintereinander aufgereiht sind (nicht nebeneinander!) und
  - stets die momentan agierenden Spieler beobachten.

  Nur so ist gewährleistet, dass sie auf eventuelle Fehler reagieren können.
  Die jeweils in Aktion getretenen Spieler räumen schnellstens das Feld, um so einen reibungslosen Ablauf zu gewähren. Die an die Reihe kommenden Spieler fahren mit der Übung erst fort, wenn die vorangegangenen Schützen das Feld verlassen, die Torhüter und die beiden Spieler Blickkontakt aufgenommen haben und keine Bälle mehr im Spielfeld bzw. im Tor liegen.
  Die (Tor-)Schützen stellen sich prinzipiell hinter jenem Tor auf, das sie zuletzt bespielt haben. Feste Anspieler/Wandspieler werden in regelmäßigen Abständen abgelöst.

- Ist die Zahl der Trainingsteilnehmer sehr groß und die daraus resultierenden Wartezeiten zwischen den Schüssen werden zu lang (Auskühlungsgefahr in der kalten Jahreszeit), so ist es beispielsweise auch möglich, die Spieler in drei Gruppen aufzuteilen. Während zwei Gruppen sich beim Torschuss betätigen, wird die 3. Gruppe in Eigenverantwortung (evtl. unter der Obhut eines Co-Trainers) für 8–10 Minuten koordinative bzw. technische Übungen oder ganz einfach nur ein Trabtraining absolvieren, um anschließend eine Gruppe beim Torschuss abzulösen.

- Bei der Benutzung von Jugendtoren ist immer auf deren ordnungsgemäße Verankerung zu achten (Unfallgefahr!).

GESTALTUNG DES TORSCHUSSTRAININGS

- Mit einigen wenigen stets sich wiederholenden Torschussformen «lockt» man keine Spieler. Deshalb ist es von Bedeutung, das Torschusstraining durch ein abwechslungsreiches Übungs- bzw. Spielrepertoire motivierend zu gestalten.
- Beim reinen Torschusstraining ist auf eine möglichst große Variationsbreite der verschiedenen Torschusstechniken zu achten. Weiche und harte Torschüsse vom Boden und aus der Luft sind ebenso von Bedeutung wie platzierte, «geschnibbelte», verzögerte oder verdeckte Abschlüsse. Aber auch die spektakulären Stoßarten wie Hüftdrehstöße, Fallrückzieher oder Flugkopfbälle sollen reaktiviert werden.
- Torschusstraining darf jedoch keineswegs darauf beschränkt sein, nur von der Strafraumgrenze auf das Tor zu schießen. Spielanalysen zeigen, dass die meisten Tore innerhalb des Sechzehnmeterraumes erzielt, ja sogar vorbereitet wurden oder umgekehrt in diesem scheinbar aussichtsreichen Raum viele Torchancen ungenutzt blieben. Die Folgerung daraus ist, das Torschusstraining auch – oder ganz besonders – in diesen Raum zu verlegen.
- Reine Torschussübungen sollen eher als Ergänzung zu gezielten Spielformen eingesetzt werden. Zur Verbesserung des Torabschlusses gilt es insbesondere,
  a) Spielformen im verkürzten Raum zwischen zwei von Torhütern gehüteten Toren,
  b) Spielformen im Strafraum und
  c) Spielformen um den Strafraum zu bevorzugen.
  Die Vorteile dieser spielerischen Form liegen auf der Hand, denn
  – sie betont nicht nur den Torabschluss, sondern auch das schnelle Kombinationsspiel und das so wichtige Herausspielen von Torchancen;
  – sie entwickelt das Offensiv- und das Defensivverhalten der Spieler parallel;
  – diese Formen eignen sich bestens, den im Wettkampf entstehenden Raum-, Gegner- und Zeitdruck abzufordern.
- Der Trainingsprozess sollte ein ständiges Wechselspiel von
  – Lernen,
  – Üben durch Wiederholen,
  – Verbessern,
  – Variieren und
  – Stabilisieren sein.

Deshalb ist ein Torschusstraining so anzugehen, dass alte Torschussformen neue vorbereiten und neue Trainingsformen die bereits erarbeiteten Formen festigen bzw. weiterentwickeln.

TORSCHUSSTRAINING IM KINDER- UND JUGENDBEREICH

- Das Torschusstraining für den Kinder- und Jugendbereich sollte stets abwechslungsreich, spielerisch und freudebetont sein, denn statisches und monotones Üben kommt bei Kindern nicht an.
- Torschüsse bereiten Kindern und Jugendlichen großen Spaß. Deshalb macht es Sinn, möglichst alle Spiel- bzw. Übungsformen mit einem Torschuss zu krönen und eventuell mit einem Wettbewerb zu verbinden.
- Durch geschickte Auswahl von Spiel- und Übungsformen sollte ein Trainer immer wieder neue Anforderungen hinsichtlich des Torabschlusses stellen. Dabei ist es empfehlenswert, sich an ihrer Motivation zu orientieren und an ihrem Könnensstand auszurichten.
- Torschusstraining sollte im Nachwuchsbereich unbedingt positionsübergreifend gestaltet werden. Mit anderen Worten, Jugendliche sollen gleichermaßen in allen Angriffs- und Abwehraufgaben geschult werden.
- Wie bei den Erwachsenen gilt es auch bei den «Kids», die zeitlichen Abstände zwischen den einzelnen Übungswiederholungen relativ kurz zu halten und die vorgegebene Übung häufig genug absolvieren zu lassen.
- Langes «Schlangestehen» zum Torschuss ist vermeidbar, indem …
  - je nach Anzahl der Spieler eine zweite oder gar dritte Torschussgruppe gebildet wird, die auf weitere Tore schießt;
  - fehlende Tore durch Stangen- bzw. Hütchentore ersetzt werden. Sie werden nach Möglichkeit vor Fangzäunen oder Werbebanden aufgebaut. Es ist auch möglich, ein großes tragbares Tor zu benutzen und durch von der Torlatte herabhängende Seile bzw. durch links und rechts vom Torpfosten aufgestellte Hütchen zu verkleinern. Es ist ebenso denkbar, ein tragbares Großtor einmal liegend zu postieren. Damit entsprechen Höhe und Breite des Tores zwar nicht der «Wettkampfform», es fordert jedoch nicht minder zum Torschuss heraus wie die Jugendtore;
  - ein fehlender Torhüter durch einen Feldspieler ersetzt wird;
  - die Trainingsteilnehmer in eine Torschussgruppe und eine Spielgruppe aufge-

teilt werden. Hier ist es im Kinderbereich allerdings unverzichtbar, einen zweiten Übungsleiter zur Verfügung zu haben. Bei älteren Jugendspielern kann zu diesem Zweck möglicherweise schon ein anerkannter Führungsspieler in die Verantwortung genommen werden, um bei einer Gruppe einen ordnungsgemäßen Ablauf zu unterstützen.

- Lange Läufe bzw. Dribblings bis zum Torschuss sind nicht nur kräftezehrend, sie beeinträchtigen auch die Konzentration und hemmen den Übungsfluss. Besser ist es, kurze Anläufe mit explosiven Finten anzubieten.
- Täuschungen und Tricks sind untrennbar verbunden mit dem Torschusstraining. Sie sind nicht nur isoliert zu erarbeiten und zu üben, sondern müssen auch im Torschusstraining Berücksichtigung finden.
- Um jeden Spieler und damit auch dem weniger Begabten ein Erfolgserlebnis zu vermitteln, ist es durchaus sinnvoll, die Anforderungen dadurch zu differenzieren, dass man …
  - in 2 oder 3 verschiedenen Niveaugruppen unterschiedliche Anforderungen an die Spieler stellt (z. B. Schusse aus der Nähe). Dies setzt allerdings voraus, dass jeder Gruppe ein Betreuer zur Seite steht;
  - an leistungsstärkere oder entwicklungsbeschleunigte Spieler höhere Anforderungen (kindgemäß formuliert) stellt, wie z. B. Schüsse nur mit dem schwächeren Bein, Schüsse aus weiteren Distanzen, Schüsse nach 2 Kontakten usw.;
  - Treffer von jüngeren, kleineren oder etwas weniger gut entwickelten Spielern doppelt zählt (z. B. in der F-Jugend);
  - schwächere Spieler auf breitere (Hütchen-)Tore schießen lässt.
- Torschusstraining mit Kindern sollte nur mit dafür geeigneten Bällen erfolgen, d. h. mit den adäquaten (Ball-)Größen und dem entsprechenden Gewicht der Bälle (u. U. Lightbälle). Erstrebenswert ist es, dass jeder Spieler in Besitz eines Balles ist.
- Da Kinder ungleich schneller und sogar intensiver als Erwachsene durch Beobachtung lernen, ist eine gute Demonstration durch den Trainer kaum zu ersetzen.
- Um die technischen Anforderungen des Torschusses systematisch zu erhöhen, ist es sinnvoll, dem methodischen Prinzip «Vom Leichten zum Schwierigen» zu folgen und demnach zunächst
  - Torschüsse mit dem ruhenden Ball anzubieten, schließlich den
  - Torschuss aus dem Dribbling folgen zu lassen, um dann auf den
  - Torschuss nach einem Zuspiel überzugehen.
  Dabei auf folgende Kriterien achten: den Anlauf zum Ball, die Stellung zum Ball, den Treffpunkt des Balles, die exakte Fuß- und Körperhaltung, die Schussgenauigkeit.
  Erst wenn diese Formen erarbeitet sind, ist es angezeigt, Torschussformen mit passiven, teilaktiven und aktiven Gegenspielern anzubieten.

- Im Lernprozess des Torschusstrainings gilt es zuerst, die technisch saubere Ausführung und die Genauigkeit der Schüsse zu erarbeiten. Erst anschließend ist die Stärke zu verbessern.
- Beim Torschusstraining mit Kindern und Jugendlichen ist es aufgrund der großen Lernbereitschaft besonders angezeigt, die Beidbeinigkeit herauszufordern und zu entwickeln. Durch Torschussformen mit variierenden Richtungen, Winkeln und Laufwegen wird der Torabschluss mit dem vermeintlich schwächeren Bein bei allen Spielern verbessert.
- Gemäß dem Prinzip von Versuch und Irrtum ist es angebracht, Kinder auch selbst einmal etwas erproben und beobachten zu lassen.
- Wer lernt, muss Fehler machen dürfen. Nur so findet ein Lernprozess statt.
- Mit Lob nicht sparen, denn es erhält bzw. steigert die Lernbereitschaft.

DIE SCHUSSARTEN

Bei der Unterscheidung der verschiedenen Schussarten legt man zugrunde, mit welchem Teil des Fußes der Ball gespielt wird. So unterscheidet man grundsätzlich zwischen folgenden Stoßarten:

- Vollspann (auch gerader Spannstoß genannt)
- Innenspannstoß
- Außenspannstoß
- Dropkick
- Innenseitstoß
- Hüftdrehstoß
- Fallrückzieher
- Stoß mit der Fußspitze / Absatz (Hacke)
- Kopfball

Diese Techniken ermöglichen das genaue Passen des Balles sowie variantenreiche Torschüsse.

Alle Schusstechniken sind sich in ihrer Bewegungsstruktur relativ ähnlich. Deshalb ist es für die Korrektur fehlerhafter Schusstechniken unverzichtbar, klare Vorstellungen der Bewegungsabläufe zu haben.

Wie bei jedem Techniktraining, dem das Torschusstraining letztendlich auch zugeordnet werden kann, ist es unverzichtbar, die Kriterien der angewandten Technik zu kennen. Deshalb sollen im Folgenden die Kriterien der einzelnen Schusstechniken zusammengetragen werden.

Vollspannstoß

ANWENDUNG

Der Schuss per Vollspann gilt als jene Schusstechnik, mit der man den härtesten Schuss, die höchste Ballgeschwindigkeit erzielen kann. Er wird angewandt als Torschuss im Anschluss an ein Dribbling oder ein Zuspiel,
Freistoß / Strafstoß,
Volleyschuss,
Befreiungsschlag,
Abschlag bzw. Abstoß durch den Torhüter,
«Heber» über den Torhüter.

BEWEGUNGSABLAUF

STANDBEIN:
Etwa ein Fuß breit neben dem Ball
Fußspitze des Standbeins zeigt in Abspiel- / Schussrichtung
Sprung-, Knie- und Hüftgelenk sind federnd gebeugt

SPIELBEIN:
Rückschwung zuerst im Hüft-, dann im Kniegelenk
Beim Nachschwingen in der Hauptphase wird der Ball im Zentrum mit dem Spann (Rist) getroffen. Dabei ist der Fuß gestreckt und im Gelenk fixiert.
In der Ausklangphase schwingt das Spielbein mit gebeugtem Kniegelenk leicht diagonal durch. (Die Bewegung wird vom Knie geführt.)

OBERKÖRPER:
Er ist leicht über das Standbein und den Ball gebeugt. Die Arme stabilisieren das Gleichgewicht; dabei pendelt der Gegenarm des Schussbeines parallel zum Schussbein zuerst rückwärts und dann vorwärts.

FEHLER

Der geschlagene Ball geht über das Ziel hinaus.
Achten Sie darauf, dass
→ das Standbein neben dem Ball steht,
→ der Oberkörper genügend über den Ball geneigt ist,
→ das Fußgelenk des Spielbeines genügend gestreckt wird (Anmerkung: Durch die mangelnde Streckfähigkeit im Fußgelenk erhält der Ball automatisch eine höhere Flugkurve).
Der Ball verfehlt das Ziel seitlich.
Stellen Sie sicher, dass
→ die Anlaufrichtung und / oder Stoßbewegung geradlinig zum Ziel weist,
→ der Spielfuß fixiert ist, der Spann optimal das Zentrum des Balles trifft.

Innenspannstoß

ANWENDUNG

Der Innenspann findet insbesondere im raumgreifenden Spiel, bei Flanken von den Seiten, bei Eck- bzw. Freistößen und Torschüssen Anwendung.

BEWEGUNGSABLAUF

ANLAUF: Bogenförmig zum Ziel, ungefähr 30–40 Grad abweichend von der Stoßrichtung des Balles.

STANDBEIN: Zwei bis drei Fußbreit vom Ball entfernt, leicht seitlich hinter dem Ball aufgesetzt.
Sprung-, Knie- und Hüftgelenk sind federnd gebeugt, wobei das Kniegelenk stärker als beim Vollspann gebeugt ist. Das Körpergewicht wird auf das Standbein verlegt.

SPIELBEIN: In der Auftaktphase schwingt das Spielbein in Hüft- und Kniegelenk nach rückwärts. Während der Hauptphase schwingt es vorwärts gegen den Ball. Dabei wird das Spielbein etwas nach außen gedreht, das Sprunggelenk ist leicht gebeugt und auswärts gedreht. In der Ausklangphase schwingt dann das Spielbein fast sichelförmig vor dem Standbein aus.

OBERKÖRPER: Je nach beabsichtigter Flughöhe wird er mehr oder minder stark über das Standbein geneigt.

ARME: Sie halten in einer leicht angewinkelten Position das Gleichgewicht.

TREFFFLÄCHE: Die Innenkante des Fußristes trifft den Ball je nach gewünschter Flugbahn mehr oder weniger unterhalb des Ballmittelpunktes.

FEHLER

Rücklage des Oberkörpers.
Achten Sie darauf, dass
→ der Oberkörper über den Ball gerichtet wird,
→ das Standbein nahe genug am Ball aufgesetzt wird.
Der Anlauf erfolgt zu gerade.
Versuchen Sie,
→ die Anlaufstellung schräg zum Ball festzusetzen,
→ eine Markierung umlaufen zu lassen, damit der Anlauf bogenförmig wird.
Der Ball wird nicht mit optimalem Krafteinsatz getroffen.
Stellen Sie sicher, dass
→ das Standbein optimal zum Ball steht, das Spielbein genügend durchschwingt.

Außenspannstoß

ANWENDUNG
Diese Technik ermöglicht variantenreiche Abspielmöglichkeiten vom kurzen (verdeckten) Abspiel, bis zum langen, mit Effet geschlagenen Ball. Sie lässt aber auch einen harten Torschuss zu, insbesondere dann, wenn der Ball als Dropkick gespielt wird.

BEWEGUNGSABLAUF

ANLAUF: Je nach beabsichtigter Effetwirkung erfolgt der Anlauf gerade bis schräg zum Ball.

STANDBEIN: Ungefähr zwei Fußbreit neben dem Ball. Leicht gebeugt in Sprung-, Knie- und Hüftgelenk.

SPIELBEIN: Beim Auftakt schwingt das im Kniegelenk leicht gebeugte Spielbein relativ geradlinig nach hinten.
In der Hauptphase schwingen das Knie- und Hüftgelenk beschleunigend nach vorn. Dabei wird das im Kniegelenk gebeugte Spielbein im Hüftgelenk leicht nach innen gedreht. Die Ausklangphase sieht das Ausschwingen des Beines nach vorn oben, bei leicht gebeugtem Knie- und Hüftgelenk vor.

OBERKÖRPER: Beim Anlauf und während der Schussphase ist der Oberkörper leicht vorgebeugt. Beim Ausschwingen nach dem Ballkontakt geht er in eine leichte Rücklageposition.

ARME: Während der Arm auf der Seite des Stoßbeines relativ gestreckt und körpernah gehalten wird, vollzieht der dem Spielbein gegenüberliegende Arm seitlich gestreckt eine gleichgewichtsstabilisierende Bewegung.

TREFFFLÄCHE:
Gerader Stoß / Pass: Die Außenseite des Fußristes trifft das Zentrum des Balles.
Bogenförmige Flugbahn: Die Außenseite des Fußristes trifft außerhalb des Ballmittelpunktes.

FEHLER

Der Schuss ist nicht hart genug.
Schauen Sie, dass
→ die Ausholbewegung des Spielbeines ausreichend ist,
→ das Fußgelenk genügend fixiert ist.

FEHLER
Die Zielgenauigkeit ist mangelhaft.
Vergewissern Sie sich, dass
→ das Fußgelenk genügend fixiert ist,
→ der Spielfuß adäquat nach innen gedreht ist,
→ das Standbein nicht zu nah am Ball steht,
→ der Oberkörper ausreichende Vorlage hat.

Dropkick

ANWENDUNG
Der Dropkick findet Anwendung als Torschuss, als Abschlag des Torhüters und als Befreiungsschlag im Abwehrbereich. Dabei wird der auf dem Boden aufspringende Ball unmittelbar beim Zurückprallen vom Boden mit dem Voll- oder Außenspann gestoßen.

BEWEGUNGSABLAUF
ANLAUF: Der Anlauf erfolgt gradlinig in Richtung Ziel.
STANDBEIN: Etwa 1 Fuß breit neben dem Ball.
SCHUSSBEIN: Während der Auftaktphase schwingt das Hüft- und Kniegelenk gebeugt nach hinten.
In der Hauptphase schwingt das Spielbein vorwärts, dabei ist der Fuß gestreckt, die Fußspitze ist steil nach unten gestellt. Das angewinkelte Knie befindet sich über dem Ball.
Die Ausklangbewegung geht nach vorn aufwärts.
TREFFFLÄCHE: Der Fußrist trifft das Zentrum des Balles.
OBERKÖRPER: Der Oberkörper neigt sich über das Standbein und über den Ball.

FEHLER
Die Flugbahn des Balles ist zu hoch.
Achten Sie darauf, dass
→ der vom Boden zurückprallende Ball im richtigen Augenblick getroffen wird und damit der Spann unter den Ball kommt;
→ der Oberkörper genügend über das Standbein und somit über den Ball gerichtet ist.

Innenseitstoß

ANWENDUNG

Der Innenseitstoß eignet sich ganz besonders für genaue Zuspiele über kurze Distanzen und für präzise Torschüsse aus tornahen Entfernungen. Nachteil dieser Technik ist die mangelnde Härte und damit auch Weite der Stöße.

BEWEGUNGSABLAUF

ANLAUF: Gerade Richtung zum Ball bzw. Ziel.

STANDBEIN: Leichte Bewegung in Sprung-, Hüft- und Kniegelenk. Fuß etwa eine Fußbreite neben dem Ball. Die Fußspitze zeigt in Abspielrichtung.

SPIELBEIN: In der Phase des Auftakts schwingt das Spielbein im Hüftgelenk nach hinten.

In der Hauptphase wird das Spielbein bei leicht angewinkeltem Unterschenkel mit einer zunehmenden Außenrotation in Richtung Ball geschwungen. Dabei ist die Fußspitze angezogen, der Fuß ist im Gelenk fixiert.

Die Ausklangphase sieht ein leichtes Ausschwingen des Beines nach vorn vor. Der Fuß des Standbeines und der Fuß des Spielbeines bilden einen rechten Winkel.

OBERKÖRPER: Beim Flachpass/flachen Schuss wird der Oberkörper leicht über den Ball bzw. das Standbein geneigt.

Höhere Flugkurven entstehen durch etwas größeren Abstand zwischen Standbein und Ball bei gleichzeitiger leichter Körperrücklage.

ARME: Seitlich leicht angewinkelt.

TREFFFLÄCHE: Innenseite des Fußes (zwischen Knöchel und Zehengrundgelenk) trifft auf den Ballmittelpunkt.

FEHLER

Schüsse/Pässe verfehlen ihr Ziel seitlich.

Achten Sie darauf, dass

→ die Stellung des Standbeines in Schussrichtung zeigt.

Schüsse/Pässe haben zu viel Höhe.

Richten Sie Ihr Augenmerk darauf, dass

→ das Standbein näher an den Ball gebracht wird, was automatisch zu einer anderen Lage des Oberkörpers führt.

Schüsse/Pässe kommen unscharf.

Stellen Sie sicher, dass

→ das Fußgelenk fixiert ist,

→ die Ausholbewegung weit genug ist.

Schüsse/Pässe sind «verzogen».

Raten Sie an,

→ das Spielbein weiter aufzudrehen.

Hüftdrehstoß

Der Hüftdrehstoß ist eine technisch anspruchsvolle Variation des Spannstoßes. Er setzt ein gutes Timing und ein erhebliches Maß an Hüftbeweglichkeit voraus. Charakteristisch dafür ist, dass sich der Ball seitlich auf Hüfthöhe des Spielers befindet und von dort aus einer Drehbewegung volley geschlagen wird. Gelegentlich wird der Ball zuvor auch kurz mit der Brust gestoppt.

STANDBEIN: Dies zeigt zuerst in Richtung Einflugrichtung, um im Verlauf des Stoßes auf den Fußballen in Richtung Ziel zu drehen. Dabei ist das Standbein in Hüft- und Kniegelenk gebeugt.

SPIELBEIN: Nach einer weiträumigen Ausholbewegung schwingt das Spielbein aus einer Bogenspannung heraus gegen den Ball. Das Kniegelenk ist weitgehend gestreckt.

OBERKÖRPER: Stark abgeneigt und nahezu bis zur Waagrechten gekippt, schwingt der Oberkörper über das gebeugte Standbein.

Der Ball wird zu sehr von oben bzw. von unten getroffen.

Achten Sie darauf, dass

→ ein waagrechtes Durchschwingen des Beins ermöglicht wird, indem ein starkes seitliches Abbeugen des Oberkörpers erfolgt.

Fallrückzieher

BEWEGUNGSABLAUF/ANWENDUNG

Der Fallrückzieher ist die wohl spektakulärste Art eines Spannstoßes. Der mit dem Rücken zum gegnerischen Tor postierte Spieler trifft dabei im «Rückwärtsfallen» des Körpers nach einem scherenschlagähnlichen Auftakt bei waagrechter Körperlage den über Kopfhöhe befindlichen Ball mit dem Vollspann des Spielbeines. Die nach hinten abstützenden Hände fangen den Schwung des Körpers auf.

Kopfball

ANWENDUNG

Mit der Technik des Kopfstoßes kann man hoch einfallende bzw. hoch zugespielte Bälle je nach Position und Spielsituation stoppen, zuspielen, abwehren oder auf das Tor köpfen.
Bei sprunghohen Bällen entscheiden das richtige «Timing», die Sprungkraft, die Gewandtheit und die körperliche Robustheit darüber, wer ein Kopfballduell gewinnt.
Auch beim Kopfball gibt es unterschiedliche Varianten. Man unterscheidet
Kopfbälle aus dem Stand,
Kopfbälle aus dem Lauf,
Kopfbälle mit und ohne Drehung (Stand/Lauf),
Flugkopfbälle.

BEWEGUNGSABLAUF

Während man beim (geraden) Kopfball aus dem Stand mit beiden Beinen gleichzeitig abspringt, drückt man sich beim Kopfball aus dem Lauf mit einem Bein ab, um so die Kraft des Anlaufs am besten in Höhe umzusetzen. Oberkörper und Beine vollziehen nach dem Absprung eine Ausholbewegung nach hinten – die so genannte Bogenspannung. Diese Bogenspannung wird dann durch eine Schnepperbewegung nach vorn aufgelöst. Je wuchtiger diese Schnepperbewegung geschieht, desto schärfer wird auch der Kopfstoß.

Bei der Ausholbewegung ist der Kopf im Nacken fixiert, das Kinn ist an die Brust herangezogen. Die Augen bleiben geöffnet und sind auf den Ball gerichtet. Die Trefffläche reicht von der Stirn bis zu den Stirnkanten, jedoch nicht bis zu den Schläfen.

Fehler beim Torschuss

- Der Ballbesitzende lässt den Mut zum Risiko vermissen und spielt, anstatt selbst zum Torabschluss zu gelangen, einen vermeintlich schlechter postierten Mitspieler an.
- Der ballbesitzende Angreifer sucht zu früh den Torabschluss und schießt damit zu weit entfernt vor dem Tor.
- Der ballbesitzende Akteur spielt den möglicherweise besser positionierten Mitspieler mangels Spielübersicht oder infolge eines übertriebenen Egoismus nicht an und schießt aus einer eher ungünstigen Position.
- Der Schütze oder dessen Mitspieler schaltet nach Torschüssen geistig ab und vernachlässigt das Nachsetzen.
- Eine Angriffsaktion wird durch unnötiges Zögern oder Tändeln gar nicht zum Abschluss gebracht, wodurch möglicherweise die Gefahr besteht, ausgekontert zu werden.
- Der mögliche Anspielpartner des Ballbesitzers
  a) läuft auf eine für den Torschuss ungünstige Position;
  b) bewegt sich, ohne die Laufrichtung oder den Laufrythmus zu wechseln, und kann so den Gegenspieler nicht «abschütteln»;
  c) startet dem Ball in Tornähe nicht entschlossen genug entgegen;
  d) wird nicht genau genug angespielt (Zuspiel in den Rücken, Zuspiel auf den falschen Fuß ...).

DIE KORREKTUR VON SCHUSSTECHNIKEN

Die Korrektur falscher Techniken setzt die Fähigkeit voraus, die Ursache technischer Fehler analysieren zu können und schließlich anhand adäquater Maßnahmen zu beheben.

Fehlerhaft ist eine Technik immer dann, wenn sie *deutlich* vom Idealtyp des Bewegungsablaufes abweicht.

Das kann sich beispielsweise äußern:

- in mangelnder Beweglichkeit,
- in der räumlich-zeitlichen Realisierung aufeinander folgender oder gleichzeitig ablaufender Bewegungen von Armen, Oberkörper und / oder Beinen,
- im unökonomischen Krafteinsatz,
- in fehlender Bewegungsharmonie, weil Teilbewegungen nicht flüssig miteinander gekoppelt sind, und
- in mangelnder Präzision der Bewegung.

Die Ursachen, die den einzelnen Fehlerbildern zugrunde liegen, sind ebenso vielfältig wie die Fehlerbilder selbst. So ist es durchaus möglich, dass für dasselbe Fehlerbild unterschiedliche Ursachen verantwortlich sind. Beispielsweise können Defizite im Kopfballspiel zurückzuführen sein auf ungenügende Sprungkraft, mangelndes Vermögen, «getimt» abzuspringen, eine schwach entwickelte Rumpfmuskulatur, die wiederum das Nach-vorn-Schneppern aus der Bogenspannung ermöglicht, Schließen der Augen beim Sprung (Kopfball) und Angst vor Verletzungen.

Dieses Beispiel unterstreicht, wie schwierig eine qualifizierte Fehlerkorrektur ist. Korrekturmaßnahmen sind also immer fehlerspezifisch auszuwählen und anzuwenden. Je nach Fehler bzw. Fehlerursache können folgende Korrekturmaßnahmen in Betracht kommen:

- Nochmalige Erklärung des exakten Bewegungsablaufs.
- Erneute Demonstration der richtigen Bewegung.
- Erleichterung der Übungsform (z. B. Torschuss zunächst mit dem ruhenden Ball).
- Geschickte Abänderung der Aufgabenstellung (z. B. nur flache Torschüsse erlauben, dadurch wird die Konzentration a) auf das Standbein, b) auf den Oberkörper und c) auf das gestreckte bzw. fixierte Fußgelenk gerichtet).
- Abbau von Hemmschwellen im Zweikampf durch schrittweise Gewöhnung an Wettkampfsituationen wie z. B. beim Verwerten von Flanken:
  a) ohne Gegenspieler,
  b) mit passivem Gegenspieler,
  c) mit teilaktivem Gegenspieler,

d) mit aktivem Gegenspieler.

Ist ein Bewegungsablauf mit mehreren Fehlern behaftet, so richtet sich die Korrektur zunächst auf den funktional prägnantesten Fehler. Ist dieser behoben oder minimiert, wird an weiteren Fehlerursachen gearbeitet. Es ist im Übrigen völlig normal, dass als Folge einer Bewegungskorrektur die Qualität einer Bewegungsausführung kurzfristig gemindert wird, besonders dann, wenn die korrekturbedürftige Bewegung schon gefestigt war. Mit zunehmender Übung wird die korrigierte Bewegung jedoch schnell wieder gefestigt sein.

Ganz zum Schluss noch eine Empfehlung:

Vergessen Sie nicht, ihre Spieler zu loben. Wer erfährt nicht gern Zustimmung, freut sich über eine positive Rückmeldung oder baut sich an ermunternden Worten auf? Doch leider, so haben Untersuchungen belegt, tendiert die Mehrzahl der Trainer eher dazu, mehr zu kritisieren, als zu loben, zu bestätigen oder aufzubauen.

Da viele Menschen dazu neigen, Kritik als einen Vorwurf aufzufassen und sie persönlich zu nehmen, ist es von großer Bedeutung, Korrektur so zu handhaben, dass das Gefühl des Versagens und des Infragegestelltseins beim Betroffenen nie aufkommen kann.

Wer also Kritik anbringen will, sollte folgende Empfehlungen berücksichtigen: Korrektur nimmt man vor, indem man

- in einer Vertrauen erweckenden Art
- sachlich, positiv und konstruktiv formuliert (was eine zielgerichtete «Strenge» nicht auszuschließen braucht),
- persönliche Dinge außer Acht lassend,
- ermunternd zum Abschluss bringt.

Wenn es für Sie selbstverständlich ist, in diesem Stil zu arbeiten, so sehen Sie diese Zeilen einfach als Bestätigung Ihrer psychologisch geschickten Arbeitsweise an. Handhaben Sie es jedoch anders, so möchte ich Sie einmal einladen, eine derartige Vorgehensweise zu erproben, indem Sie sich gleichzeitig von der Erkenntnis leiten lassen, wonach «der (richtige) Ton bekanntlich die Musik macht». Ich bin mir sicher, es wird Ihnen sehr schnell gelingen, eine positive, freudvolle und motivierende Atmosphäre zu schaffen, die für alle Beteiligten – auch für den Trainer – gewinnbringend sein wird.

Viel Spaß und Erfolg bei der Umsetzung der Programme wünscht Ihnen

Rolf Mayer

ZUR HANDHABUNG DER SPIEL- UND ÜBUNGSFORMEN

Bei der Anwendung der nachfolgenden Torschussformen sollten einige grundlegende Hinweise beachtet werden, um eine erfolgreiche Umsetzung zu gewährleisten:

- Alle Spiel- und Übungsformen setzen eine intensive Erwärmung voraus.
- Die angegebenen Distanzen zu bzw. zwischen den Toren und die angeführten Spielfeldgrößen sind nur als Anhaltspunkte gedacht. Diese Maße haben sich a) an den räumlichen Gegebenheiten, b) am technisch-taktischen Vermögen, c) dem Trainingszustand der Spieler sowie d) an der Zielsetzung des Trainings zu orientieren. Im Kinder- und Jugendbereich ist überdies das Alter zu berücksichtigen.
- Auch die vorgegebenen Lauf- oder Dribbelwege sind jederzeit abänderbar. Sie sind ebenfalls den oben angeführten Kriterien anzupassen.
- Verstehen Sie die Trainingsvorschläge nicht als unveränderbare «Rezepte». Ich möchte Sie ausdrücklich ermutigen, Ihre eigenen Ideen einfließen zu lassen, die Vorschläge abzuändern, zu kombinieren oder gar, inspiriert von einer Variante, eine völlig neue Übung zu kreieren.

ZEICHENERKLÄRUNG

Spieler	🏃 🏃 🏃 A B
Spieler mit Ball	🏃 🏃 🏃 ⚽ A
Torwart	TW
Trainer	TR
Neutraler Spieler	N
Originalübung	Ⓖ
Variante Nummer ...	Ⓥ₁ Ⓥ₂
Bezeichnung der Spieler	A B
Stationen der Laufwege	1 2 3 etc.
Zielräume der Spieler	(B₁)
Dribbling*	∿∿∿→
Ballverlust nach Dribbling	∿∿∿→‖
Pass / Schuss (mit Reihenfolge)*	------→
Flugball / Abwurf des Torhüters / Zuwurf / Einwurf	⤻
Ballhochwurf / Jonglieren	⚽ ↘
Laufwege ohne Ball	⟶
Sprint	⟹
Hütchen / Markierung	▲
Begrenzungslinie	▲-–-–▲
Hütchendschungel / Hütchenlabyrinth	▲▲▲▲
Regelmäßig erstellter Slalomparcours	▲ ▲ ▲
Versetzt stehender Slalomparcours	▲ ▲▲
Seile / Stäbe	∣∣∣∣

* Hinweis: Die vorgegebene Zahlenfolge kennzeichnet exemplarisch
nur eine Variante der Handlungsführung.

☄ ⚽ ⚽ ⚽ ⚽ DIE PRAXIS

TORSCHUSS IM VERKÜRZTEN RAUM

1

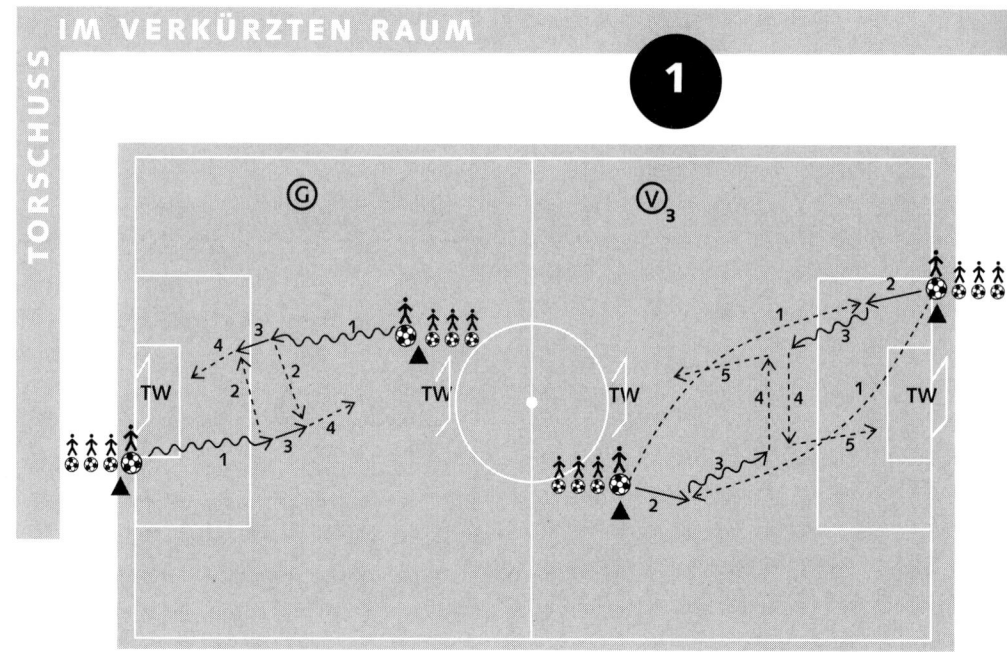

GERÄTE: Ein tragbares Tor ◦ Pro Spieler ein Ball ◦ 2 Hütchen

TRAININGSORGANISATION: Die in zwei Gruppen aufgeteilten Spieler sind neben beiden etwa 35 Meter auseinander stehenden Toren postiert. Jeder Trainingsteilnehmer verfügt über einen Ball. In den Toren stehen die Torhüter bereit.

ABLAUF DER ÜBUNG/DES SPIELS: Die beiden Ersten jeder Gruppe starten zur selben Zeit mit einem Dribbling. Kurz vor dem Erreichen der Feldmitte passen die beiden Übenden gleichzeitig quer in den Lauf des Partners und schließen nach einer kurzen Ballkontrolle per Torschuss ab. Es ist besonders darauf zu achten, dass der Querpass gut dosiert ist, vor allem aber in den Lauf (und nicht in den Rücken) des Spielpartners gelangt.

VARIATION:

❶ Der Querpass wird direkt zum Torschuss verwertet.

❷ Die jeweils kooperierenden Paare tauschen zum Auftakt ihre Bälle per Einwurf aus. Den hoch einfallenden oder aber zuvor aufsetzenden Ball gilt es an- und mitzunehmen und als Torschuss anzubringen.

❸ Die kooperierenden Spieler tauschen wie in der zweiten Übung ihre Bälle per Einwurf (alternativ als wohl dosierten Spannschlag aus der Hand) aus. Der hoch einfallende oder aber zuvor aufspringende Ball ist dann an- und mitzunehmen und schließlich dem Kollegen quer in den Lauf zu passen. Daraufhin erfolgt der Torschuss. (Vgl. Abb.)

2

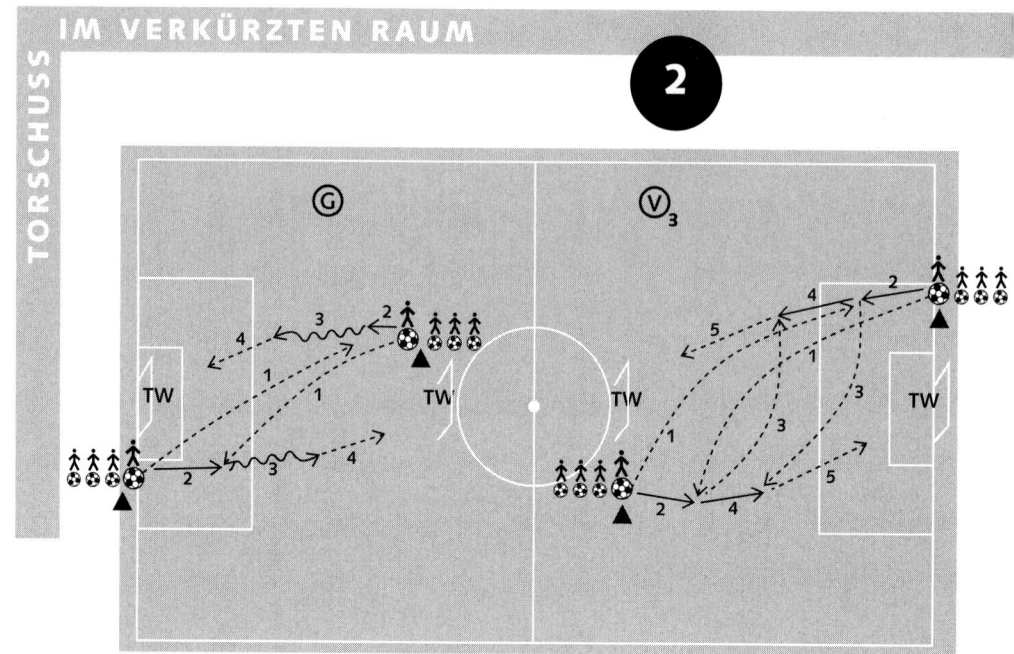

GERÄTE: Ein tragbares Tor ● Ein Ball pro Spieler ● 2 Hütchen

TRAININGSORGANISATION: Zwei Tore stehen in einem Abstand von 35–40 Metern zueinander und werden von je einem Torhüter besetzt. Jeder Spieler hat einen Ball am Fuß. Die Übenden verteilen sich auf zwei Gruppen, die sich hintereinander neben den beiden Toren ausrichten.

ABLAUF DER ÜBUNG/DES SPIELS: Die beiden Gruppenersten eröffnen diese Torschussform, indem sie gleichzeitig den ruhenden Ball zum gegenüber postierten Partner schlagen. Nach einer kurzen Ballkontrolle spielen beide den soeben angenommenen Ball in den Lauf des Partners. Das erneute Zuspiel kann direkt oder nach einer Ballan- oder -mitnahme als Torschuss angebracht werden.

VARIATION:

❶ Der Rückpass erfolgt im Direktspiel.

❷ Der Flugball zum Partner erfolgt aus einem Kurzdribbling heraus.

❸ Nach dem Auftaktpass erfolgt ein abermaliger Austausch der Bälle in den Lauf des Partners (Langpass – Langpass). (Vgl. Abb.)

❹ Die Torentfernung wird vergrößert. Auf den ersten Langpass folgt der Rückpass mit einem darauf folgenden Querpass (nicht in den Rücken spielen) und dem abschließenden Torschuss (Langpass – Langpass – Querpass).

IM VERKÜRZTEN RAUM

3

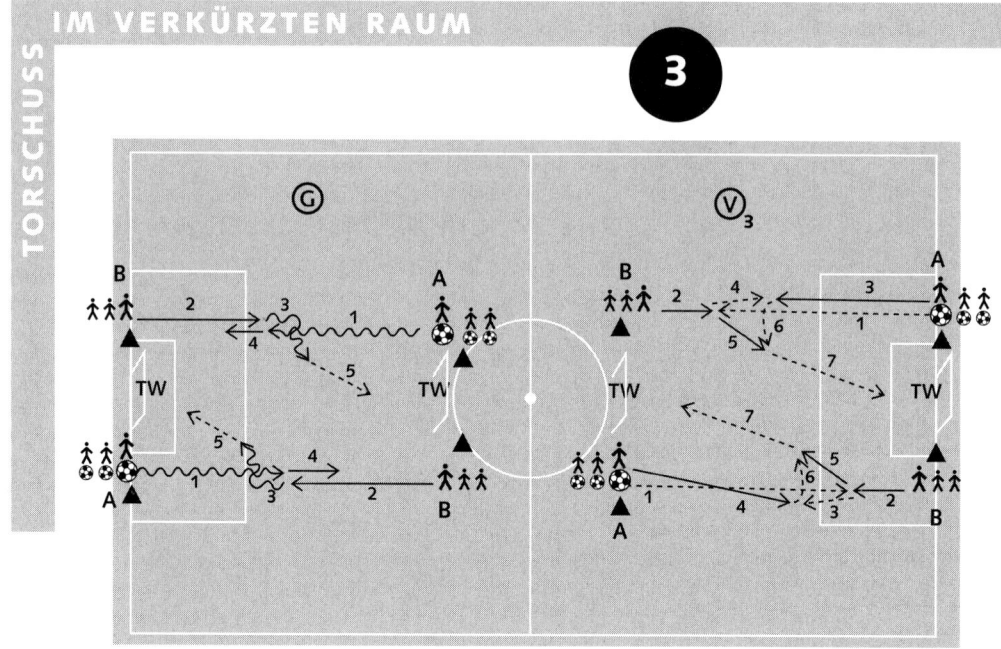

G E R Ä T E : Ein tragbares Tor ● Pro Paar ein Ball ● 4 Hütchen

T R A I N I N G S O R G A N I S A T I O N : Ein tragbares Tor begrenzt den Übungs-raum auf etwas mehr als doppelte Strafraumgröße. Die Torhüter haben Position in ihren Toren bezogen. Die Spieler teilen sich in vier gleich große Gruppen neben den beiden Toren auf. In Ballbesitz sind jene Spieler, die rechts beider Tore aufgereiht sind. Die beiden geradeaus gegenüberstehenden Reihen kooperieren miteinander.

A B L A U F   D E R   Ü B U N G / D E S   S P I E L S : Die beiden ballbesitzenden Gruppenersten (A) dribbeln auf ihre entgegenlaufenden Partner zu, um mit diesen eine Ballübergabe zu spielen. (Übergibt der Ballführende den Ball mit dem rechten Fuß, so übernimmt der ballannehmende Spieler ebenfalls mit dem rechten Spiel-bein.) Nach einem kurzen Dribbling im Anschluss an die Ballübergabe erfolgt der Torabschluss des nun Ballbesitzenden (B).

V A R I A T I O N :

❶ Pass in die Tiefe von A – (direkter) Rückpass durch Partner B – Torschuss von Spieler A.

❷ Eröffnender Pass von A – Rückpass durch B – Ballübergabe – Torabschluss durch Akteur B.

❸ Auftakt durch A – Rückpass durch B – Querpass von A – Schuss von Partner B. (Vgl. Abb.)

❹ Pass von A – Rückpass von B – Absatzspiel durch A – Abschluss durch Spieler B.

❺ Steilpass von A – Rückpass durch B – Ausspielfinte von A gegen den entgegen-kommenden passiv / teilaktiv agierenden Spieler B mit abschließendem Tor-schuss.

IM VERKÜRZTEN RAUM

4

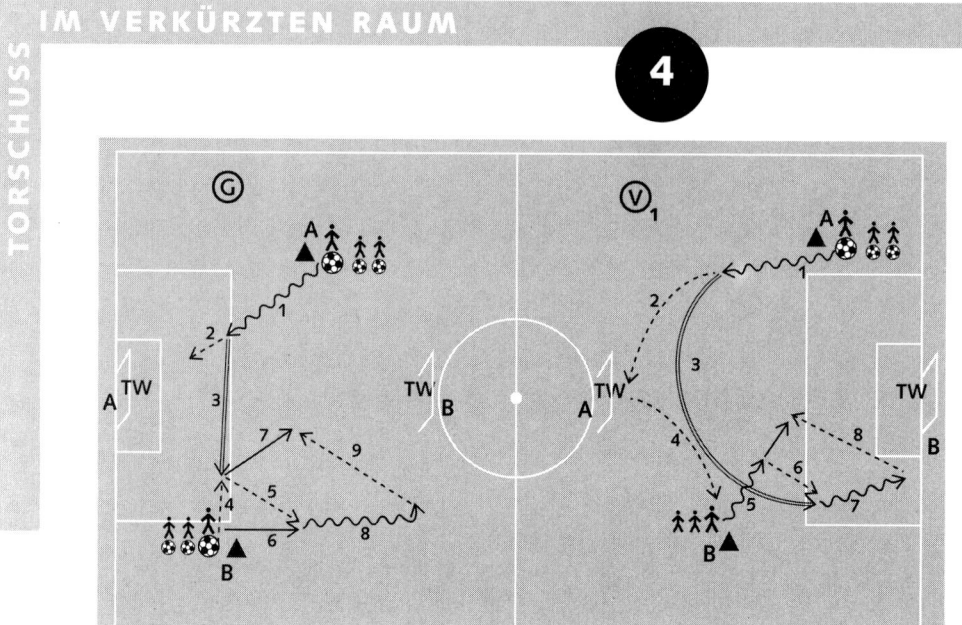

GERÄTE: Ein tragbares Tor ⬤ Pro Spieler ein Ball ⬤ 2 Hütchen

TRAININGSORGANISATION: Das tragbare Tor wird im Abstand von 40–45 Metern zum feststehenden Tor angebracht. Die Torhüter nehmen Aufstellung in den Toren. Vor der (gedachten) Mittellinie sind auf beiden Außenbahnen Markierungen angebracht, an denen sich die beiden Gruppen quer gegenüberstehen. Jeder Spieler hat einen Ball zur Hand.

ABLAUF DER ÜBUNG/DES SPIELS: Der erste Spieler der Gruppe A beginnt mit einem kurzen, diagonalen Dribbling Richtung Tor A, um dort seinen Torschuss anzubringen. Unmittelbar danach startet er quer in Richtung der gegenüber postierten Gruppe B, wo er einen Querpass des dortigen Gruppenersten in dessen Lauf prallen lässt. Diesen Pass in die Tiefe erläuft Spieler B, um anschließend von der Grundlinie des Tores B einen gut getimten Rückpass auf den nachrückenden Akteur A zu spielen. Somit schließt der Spieler A zweimal per Torschuss ab.

VARIATION:

❶ Der Gruppenerste der Reihe A spielt im Anschluss an ein kurzes Dribbling einen Flugball zum Torhüter von Tor A. Dieser «pflückt» die hohe Hereingabe herunter und wirft diesen Ball sofort zum ersten Spieler der Gruppe B ab. Nach einer kurzen Ballkontrolle dribbelt Akteur B sofort diagonal nach innen, während Spieler A indessen Mitspieler B hinterläuft und daraufhin auch angespielt wird. Nach einem Dribbling Richtung Grundlinie folgt auf den Rückpass von A der Torabschluss durch Partner B. (Vgl. Abb.)

❷ Nach dem eröffnenden Flugball von Spieler A zum Torhüter sprintet A diagonal vor das Tor B, um dort den zwischenzeitlich den Abwurf des Torhüters kontrollierenden Spieler B am Torschuss zu hindern (bzw. evtl. selbst am gegenüberliegenden Tor zum Torabschluss zu gelangen).

IM VERKÜRZTEN RAUM

5

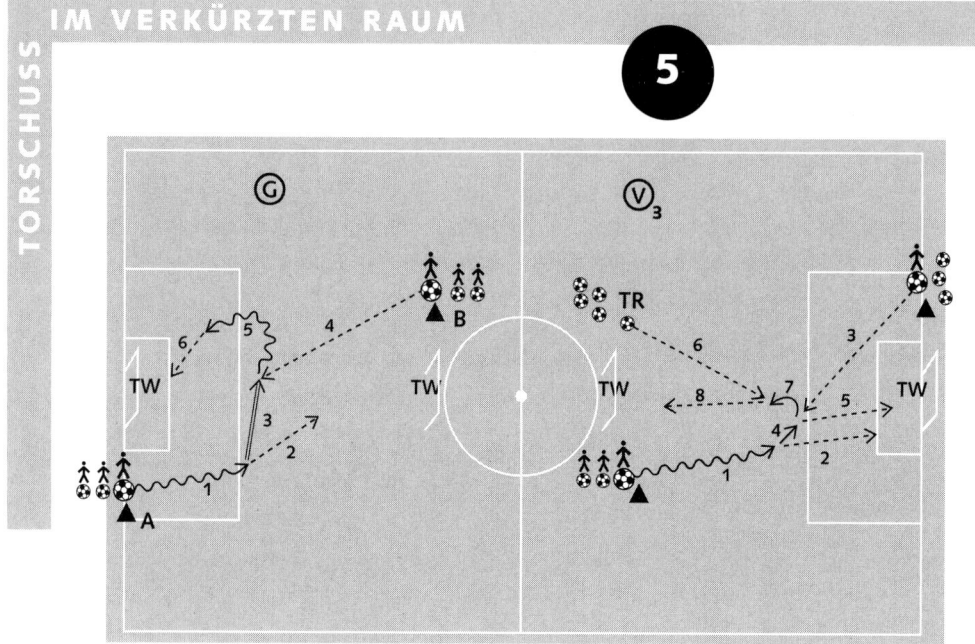

GERÄTE: Ein tragbares Tor ● Pro Spieler ein Ball ● 2 Hütchen

TRAININGSORGANISATION: Die beiden Tore werden im Abstand von zirka 35 Metern aufgestellt. Die Spieler haben jeweils einen Ball parat und teilen sich in zwei gleich große Gruppen neben den Toren auf.

ABLAUF DER ÜBUNG/DES SPIELS: Der erste Spieler von Gruppe A dribbelt etwa bis zur Mitte des Feldes, um von dort einen Schuss auf das gegenüber platzierte Tor anzubringen. Unmittelbar nach dem Torschuss gilt es einen vom ersten Spieler der Gruppe B (oder auch Anspieler) zugespielten Pass in einer schnellen Drehung mitzunehmen und mit einem Torschuss auf das andere Tor abzuschließen. Somit absolviert jeder Spieler zwei Schussaktionen in direkter Abfolge. Die beiden kooperierenden Akteure wechseln daraufhin das Tor und damit die Aufgabe.

VARIATION:

❶ Der Ballannahme des Zupiels geht eine Körpertäuschung voraus.

❷ Das Zuspiel erfolgt in Form eines Flugballes oder eines Einwurfs.

❸ Nach dem ersten Torschuss auf das gegenüberliegende Tor A ist das flache Zuspiel eines Anspielers von der Grundlinie aus direkt zu verwandeln (Simulation eines Nachschusses).
Im Anschluss daran macht dieser Akteur sofort kehrt, um sich in Richtung des anderen Tores zu orientieren. Der neben diesem Tor postierte Trainer/Spieler spielt dann erneut einen Flachpass (Flugball) zum dritten Torschuss. (Vgl. Abb.)

❹ Auf den ersten Torschuss folgt wie bei der zweiten Variante ein Rückpass von der Torauslinie durch einen Zuspieler. Gleich darauf erfolgt durch einen weiteren Anspieler von der anderen Torseite aus ein Zuwurf (von unten nach oben) zum Kopfball. Nach einer Drehung hin zum gegenüberliegenden Tor erfolgt von dort ein Zuwurf vom Torhüter, den es nach einer kurzen Kontrolle in einen Torschuss umzusetzen gilt. Wegen des hohen Ballbedarfs eignet sich diese Übung gut zum Sondertraining oder zum Stationsbetrieb.

6

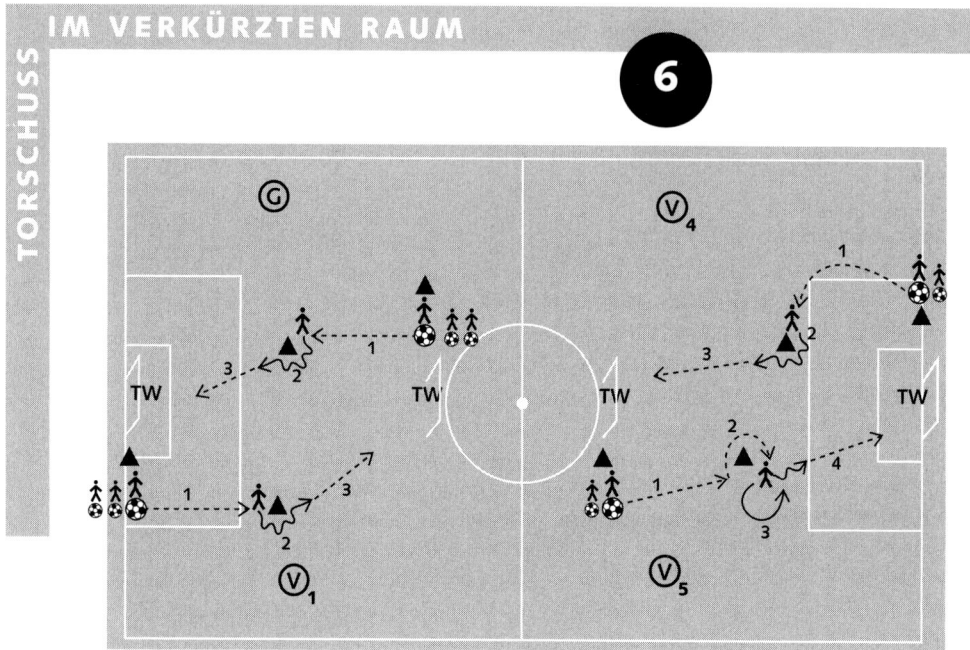

GERÄTE: Ein tragbares Tor ● Pro Spieler ein Ball ● 4 Hütchen

TRAININGSORGANISATION: Die beiden Tore werden in einem Abstand von etwa 45 Metern zueinander ausgerichtet und von Torhütern besetzt. In der Mitte zwischen den Toren werden zwei etwa 14 Meter auseinander stehende Hütchen platziert. Die Mannschaft teilt sich in zwei Gruppen auf, um sich neben den Toren hintereinander aufzustellen. Jeder Spieler ist in Besitz eines Balles mit Ausnahme des jeweiligen Gruppenersten. Dieser postiert sich nämlich ohne Ball vor dem gegenüberliegenden Hütchen mit Blickkontakt zu seiner Gruppe.

ABLAUF DER ÜBUNG/DES SPIELS: Der nun in vorderster Front postierte Akteur spielt nach einem kurzen Dribbling über 3–5 Meter einen flachen Pass in die Tiefe zum entgegenstartenden Mitspieler «in der Spitze». Dieser nimmt das Zuspiel in einer engen Drehung nach innen mit und schließt per Torschuss ab. Der Passgeber rückt anschließend zum Hütchen auf, der Torschütze reiht sich in der (gegenüberliegenden) Gruppe ein.

VARIATION:

❶ Der entgegenkommende Partner nimmt das Anspiel nach außen weg mit. (Vgl. Abb.)

❷ Vor der Ballannahme ist eine Körpertäuschung einzubauen.

❸ Der dem Pass entgegenlaufende Spieler macht plötzlich einen Ausfallschritt. Mit diesem Ausfallschritt lässt er den Ball entweder a) durch seine Beine oder b) an sich vorbeirollen. Einer raschen Drehung und dem Erlaufen des Balles folgt der Torabschluss.

❹ Das Zuspiel erfolgt als Einwurf, den es schnellstmöglich zu verarbeiten und nach einer Drehung als Torschuss anzubringen gilt. (Vgl. Abb.)

❺ Der Gruppenerste spielt einen Flachpass zu dem am Hütchen postierten Spieler. Der dort angespielte Partner lüpft den Ball kurz mit der Fußspitze an, um ihn dann gefühlvoll über sich wegzuspielen. Nach einer explosiven Drehung erfolgt eine kurze Ballkontrolle mit dem abschließenden Torschuss. (Vgl. Abb.)

IM VERKÜRZTEN RAUM

7

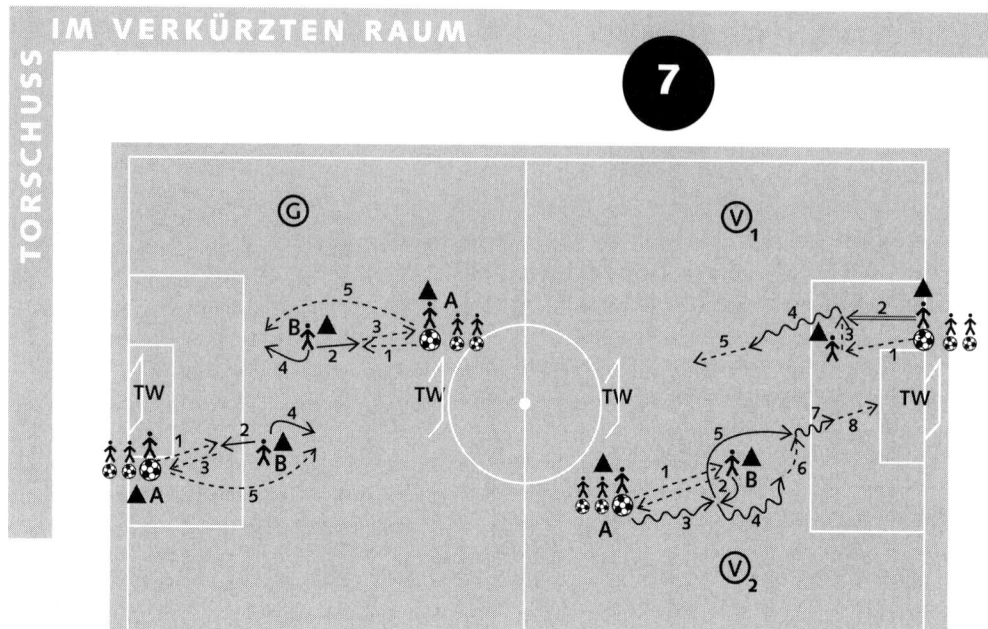

GERÄTE: Ein tragbares Tor ● Pro Spieler ein Ball ● 4 Hütchen

TRAININGSORGANISATION: Die durch Torhüter besetzte Tore werden etwa 45 Meter auseinander gestellt. Kurz vor der Spielfeldmitte werden zwei ungefähr fünfzehn Meter auseinander stehende Markierungen aufgestellt. Die mit je einem Ball ausgestatteten Trainingsteilnehmer bilden zwei Gruppen, die sich hintereinander neben beiden Toren aufreihen. Ein Spieler jeder Gruppe stellt sich mit Blickkontakt zu seiner Riege an der Markierung auf.

ABLAUF DER ÜBUNG/DES SPIELS: Der Gruppenerste A spielt einen Pass zum entgegenkommenden Partner B, der dieses Anspiel mit viel Gefühl prallen lässt. Nach einer schnellen Drehung erläuft Spieler B den in den Lauf gespielten zweiten Pass von A, um diesen zum Torabschluss zu bringen.

Der Passgeber A rückt anschließend auf die Position des vorangehenden Schützen B und wird nun seinerseits durch den nachfolgenden Partner angespielt.

VARIATION:

❶ Der vorderste Spieler der Gruppe spielt erneut einen Pass zum entgegenlaufenden Mitspieler B. Nun lässt B das Anspiel jedoch nicht mehr nach hinten zurückprallen, sondern legt den Ball quer auf für den nachrückenden Spieler A. Dieser kann nun je nach Vorgabe a) selbst den Torschuss anbringen oder b) seinen Partner B mit einem Pass bedienen. (Vgl. Abb.)

❷ Der erste Spieler A passt zu dem am Hütchen postierten B, der dieses Zuspiel zurückprallen lässt. Der nun wieder in Ballbesitz befindliche A dribbelt sodann in Richtung des entgegenkommenden Spielers B und spielt mit ihm eine Ballübergabe. Während sich jetzt der Ballbesitzende B in einer halben Drehung in Richtung des anderen Tores orientiert, läuft sein Partner A diagonal nach innen und fordert so das Zuspiel in die Tiefe. (Vgl. Abb.)

❸ Steilpass von A zu B – Querpass von B zu A mit erneutem, direkten Querpass A zu B – Steilpass von B in Lauf von A.

IM VERKÜRZTEN RAUM

8

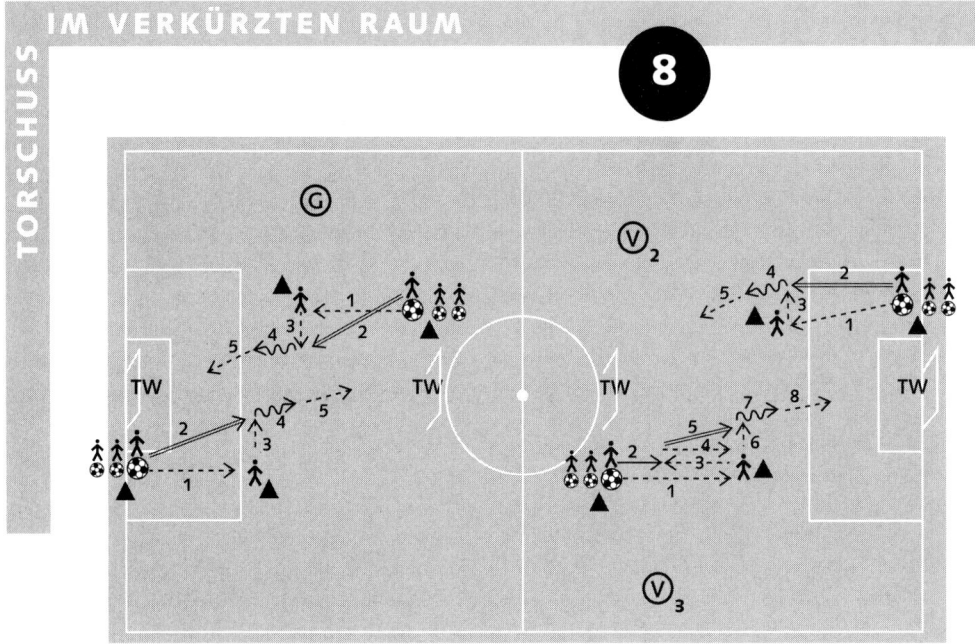

GERÄTE: Ein tragbares Tor • Pro Spieler ein Ball • 4 Hütchen

TRAININGSORGANISATION: Ein bewegliches Tor steht im Abstand von 30–35 Metern zum Normaltor. Beide Tore sind von Torhütern belegt. Jeder Spieler ist in Besitz eines Balles. Neben beiden Toren reihen sich die Spieler in gleich großen Gruppen auf.
An beiden Seiten des Übungsraums, kurz vor der Mitte zwischen beiden Toren, werden Hütchen platziert. Dort stellt jede Gruppe einen (wechselnden) Anspieler ab.

ABLAUF DER ÜBUNG/DES SPIELS: Der Übungsablauf beginnt mit einem Pass der jeweiligen Gruppenersten in die Tiefe zum Anspielpartner, der im direkten Spiel quer nach innen auflegt. Der Passgeber erläuft diesen Querpass und hält nach einer kurzen Ballmitnahme auf das Tor. Passgeber A rückt anschließend auf die Position B.

VARIATION:

❶ Der Torschuss wird im Anschluss an den Querpass in direkter Form angebracht.

❷ Die Wandspieler sind mehr zur Mitte eingerückt. Der Übungsauftakt beginnt mit einem leicht diagonalen Pass nach vorn, das quer gelegte Wandspiel erfolgt nach außen in den Lauf des Passenden. (Vgl. Abb.)

❸ Die Distanz zwischen den Toren wird vergrößert. Das Zusammenspiel zwischen Passgeber und Anspieler wird ausgeweitet auf: Steilpass mit sofortigem Nachrücken – Rückpass – erneuter Steilpass in die Tiefe – Querpass – Ballan- und -mitnahme mit abschließendem Torschuss. (Vgl. Abb.)

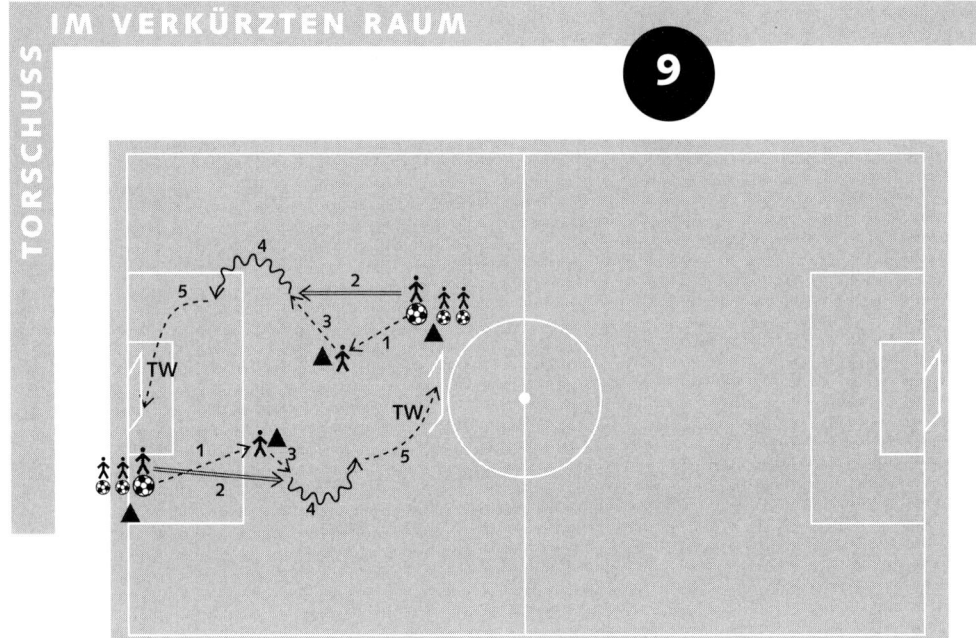

GERÄTE: Ein tragbares Tor ● Pro Spieler ein Ball ● 4 Hütchen

TRAININGSORGANISATION: Die von zwei Torhütern besetzten Tore sind im Abstand von etwa 30–35 Metern aufgebaut. Jeder Spieler verfügt über einen Ball. Neben beiden Toren stellen sich die Trainingsteilnehmer hintereinander auf. In der Mitte des Übungsraums ist jeweils ein Spieler jeder Gruppe an einer nach innen eingerückten Markierung als Anspieler postiert. Die Torhüter sind angehalten, sich nicht auf der Torlinie, sondern etwa 3–5 Meter vor dem Tor, leicht seitlich abgesetzt, zu postieren. Diese Position sollten sie vor jedem neuen Angriff kurz überprüfen.

ABLAUF DER ÜBUNG/DES SPIELS: Nach einem kurzen Dribbling spielen die beiden Beginnenden einen Pass nach innen zum Anspieler, der diesen direkt nach außen weiterleitet. Nach einer kurzen Ballan- bzw. -mitnahme (nach außen weg) versucht der Ballführende den seitlich vor dem Tor stehenden Torwart mit einem Schlenzer ins lange Eck zu überwinden.

VARIATION:

❶ Alternativ zum Bogenschuss über den Torhüter kann auch ein harter Schuss per Außenrist ins kurze Eck angebracht werden.

IM VERKÜRZTEN RAUM

10

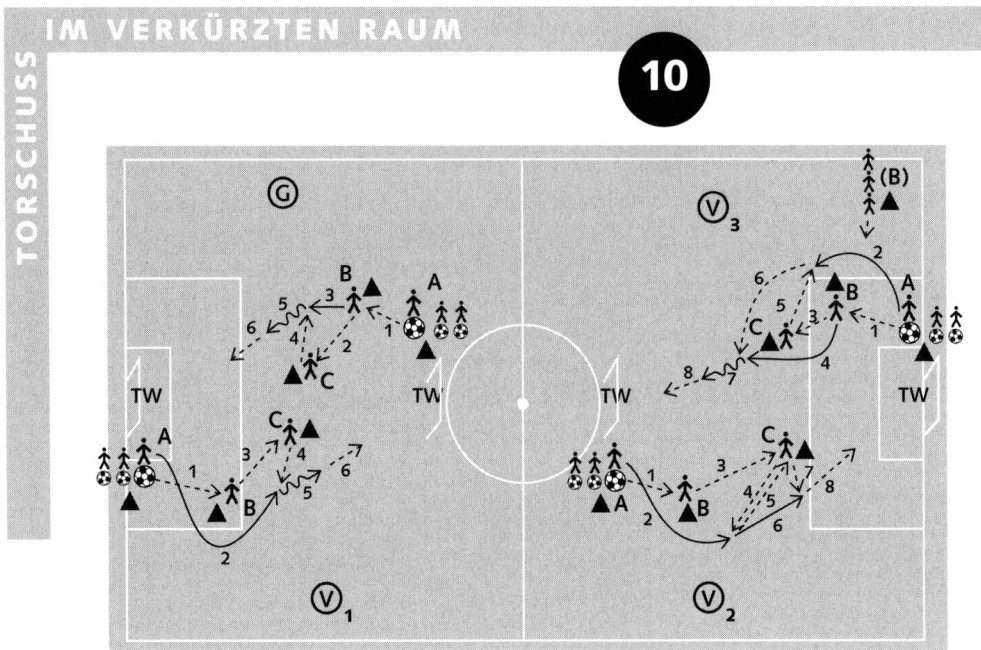

GERÄTE: Ein tragbares Tor ● Pro Spieler ein Ball ● 6 Hütchen

TRAININGSORGANISATION: Zwei in einer Distanz von etwa 45 Metern aufgestellte Tore sind von Torhütern besetzt. Die Trainierenden werden in zwei Gruppen geteilt, die sich hinter beiden Toren aufreihen. Jeder Spieler ist in Besitz eines Balles. Etwa 7 Meter seitlich zu den Ausgangspunkten ist ein ständig wechselnder Anspieler (B) postiert. In der Spitze, etwa 15 Meter vom Ausgangspunkt entfernt, hält sich ein zweiter Wandspieler (C) vor der Markierung anspielbereit.

ABLAUF DER ÜBUNG/DES SPIELS: Einem diagonalen Pass von Spieler A zum äußeren Anspieler B folgt dessen unmittelbarer Pass in die Tiefe zum 2. Anspieler C in der Spitze. Dieser in vorderster Front stehende Spieler C lässt den Pass zum zweiten Passgeber B zurück oder quer prallen, der dann nach einer kurzen Ballkontrolle mit einem Schuss auf das Tor abschließt. Passgeber A rückt anschließend auf die Position B.

VARIATION:

❶ Pass von Spieler A nach außen zu B, der sofort zu Mitspieler C in die Tiefe weiterleitet. Inzwischen hat Akteur A nach seinem eröffnenden Pass zu B denselben hinterlaufen, um so den von der Angriffsspitze C gespielten Querpass zu erlaufen und mit einem Torschuss abzuschließen. (Vgl. Abb.)

❷ Dem Rückpass durch C auf den hinterlaufenden Spieler A folgt ein Doppelpassspiel zwischen den Partnern A und C, das dann mit einem Torschuss von Akteur A endet. (Vgl. Abb.)

❸ Die Hütchen sind etwas enger zusammengestellt. Spieler A passt nach außen zu B und hinterläuft. Mitspieler B leitet direkt weiter zu C und läuft sofort diagonal nach innen Richtung Tor. Derweil lässt Partner C ebenfalls im direkten Spiel zum hinterlaufenden A prallen, der seinerseits den Richtung Tor eingerückten B mit einem Pass bedient. B beendet somit den Angriff. (Vgl. Abb.)

IM VERKÜRZTEN RAUM

11

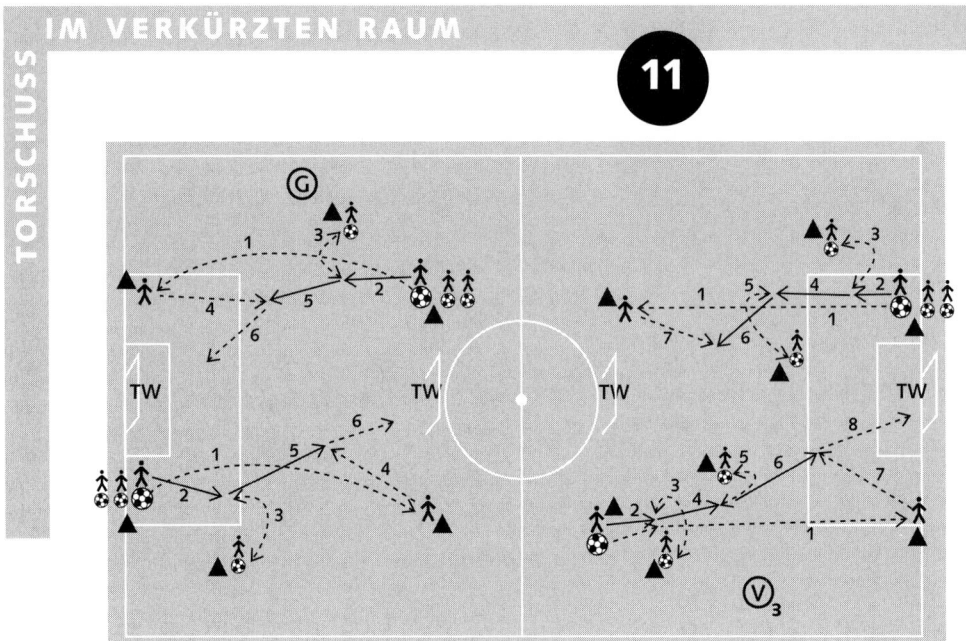

GERÄTE: Ein tragbares Tor ● Pro Spieler ein Ball ● 6 Hütchen

TRAININGSORGANISATION: Mit Hilfe eines tragbaren Tores wird der Übungsraum auf 35–40 Meter begrenzt. Beide Tore werden durch Torhüter besetzt. Die Spieler sind mit je einem Ball ausgerüstet und teilen sich in zwei Gruppen, die sich neben den Toren diagonal gegenüberstehen. Jede Gruppe stellt zwei Anspieler ab, die regelmäßig abgelöst werden. Der erste Anspieler steht an einem etwa 5–8 Meter seitlich vom Ausgangspunkt postierten Hütchen, der zweite seitlich des gegenüberliegenden Tores.

ABLAUF DER ÜBUNG/DES SPIELS: Nach dem eröffnenden Pass zum Anspieler starten die beiden Gruppenersten – den Rückpass des Wandspielers erlaufend – Richtung gegenüberliegendes Tor. Ungefähr fünf Meter nach dem Start ist seitlich zu diesem Laufweg ein Zuspieler an einer Markierung postiert, der einen gut dosierten Zuwurf (von unten nach oben) zum Kopfball anbringt, den die Akteure präzise zurückzuköpfen haben. Daraufhin erfolgt ein zügiger Lauf in den Rückpass des Anspielers mit abschließendem Torschuss.

VARIATION:

❶ Anstatt eines Zuspiels zum Kopfball erfolgt nun ein hüfthoher Zuwurf, der volley mit der Innenseite zurückgespielt werden soll.

❷ Der hoch eingeworfene Ball wird mit der Brust gestoppt; den dann herabfallenden Ball gilt es direkt mit der Innenseite zurückzuspielen.

❸ Etwa fünf Meter vom ersten Zuwerfer entfernt ist ein zweiter Partner postiert. Der erste Mitspieler wirft zum Kopfball, der zweite halbhoch zum Rückpass per Innenseite. (Vgl. Abb.)

IM VERKÜRZTEN RAUM

12

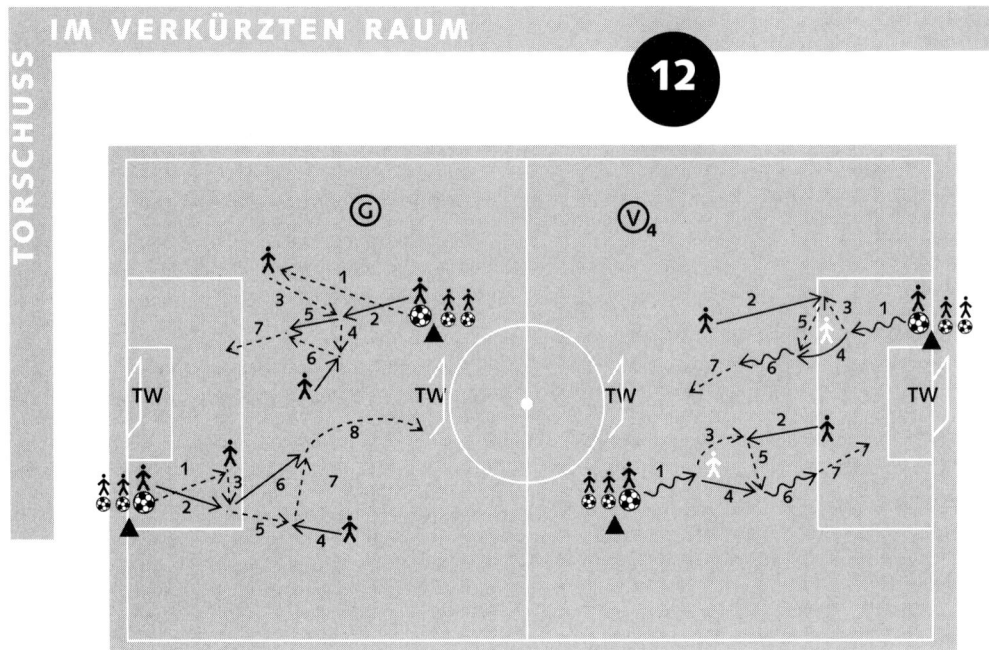

GERÄTE: Ein tragbares Tor ● Pro Spieler ein Ball ● 4 Trikots ● 2 Hütchen

TRAININGSORGANISATION: Im Abstand von ungefähr 35 Metern sind zwei von Torhütern besetzte Tore erstellt. Vier gleichfarbig kenntlich gemachte Spieler bewegen sich als «Wandspieler» beliebig zwischen beiden Toren. Die restlichen Trainingsteilnehmer stehen mit je einem Ball ausgestattet hintereinander seitlich neben beiden Toren.

ABLAUF DER ÜBUNG/DES SPIELS: Die jeweils ersten beiden Spieler beginnen gleichzeitig. Aus einem kurzen Dribbling heraus passen sie einem der vier in Anspielbereitschaft befindlichen Spieler zu, nehmen den direkt in den Lauf gespielten Ball kurz mit, um dann erneut einen der sich anbietenden Doppelpasspartner anzuspielen. Entsprechend dem aufgezeigten Laufweg folgt der finale Pass des Zuspielers, der nach einer kurzen Mitnahme zum Abschluss genutzt wird.

VARIATION:

❶ Der Torschuss ist nur nach einer Direktabnahme möglich.

❷ Alle Zuspiele sowie der Torschuss erfolgen ausschließlich im direkten Spiel.

❸ Die vier Spieler fungieren als teilaktive Gegenspieler, die es auszuspielen gilt.

❹ Zwei (gelbe) Spieler agieren als (teilaktive/aktive) Gegenspieler, zwei weitere (rot gekennzeichnete) Spieler fungieren als Wandspieler. (Vgl. Abb.)

IM VERKÜRZTEN RAUM

13

GERÄTE: Ein tragbares Tor ● Pro Spieler ein Ball ● 2 Hütchen

TRAININGSORGANISATION: Zwei von Torhütern besetzte Tore werden im Abstand von 35–40 Metern zueinander aufgestellt. In der Mitte zwischen beiden Toren stehen sich die jeweils mit einem Ball ausgestatteten Spieler in einer Entfernung von 15–20 Metern gegenüber.

ABLAUF DER ÜBUNG/DES SPIELS: Die beiden ersten Akteure jeder Gruppe werfen sich den Ball per Einwurf zu. Die hoch einfallenden Bälle gilt es schnellstmöglich zu verarbeiten und am vereinbarten Tor als Schuss anzubringen.

VARIATION:

❶ Die eingeworfenen Bälle werden technisch sauber verarbeitet und dürfen erst nach einer vollen Drehung um die eigene Achse auf das festgelegte Tor geschossen werden.

❷ Die Bälle werden aus der Hand als Aufsetzer zum Partner gespielt.

❸ Der ruhende Ball wird als «Heber» zum Gegenüber geschlenzt.

❹ Die Entfernung zischen den Gruppen wird verringert. Die Gruppenersten werfen ihren Ball etwa 3–5 Meter senkrecht nach oben (am besten auf Kommando des Trainers), ersprinten darauf den herabfallenden Ball des Mitspielers und schießen diesen nach kurzer Kontrolle (oder direkt) aus der Drehung auf das Tor. (Vgl. Abb.)

14

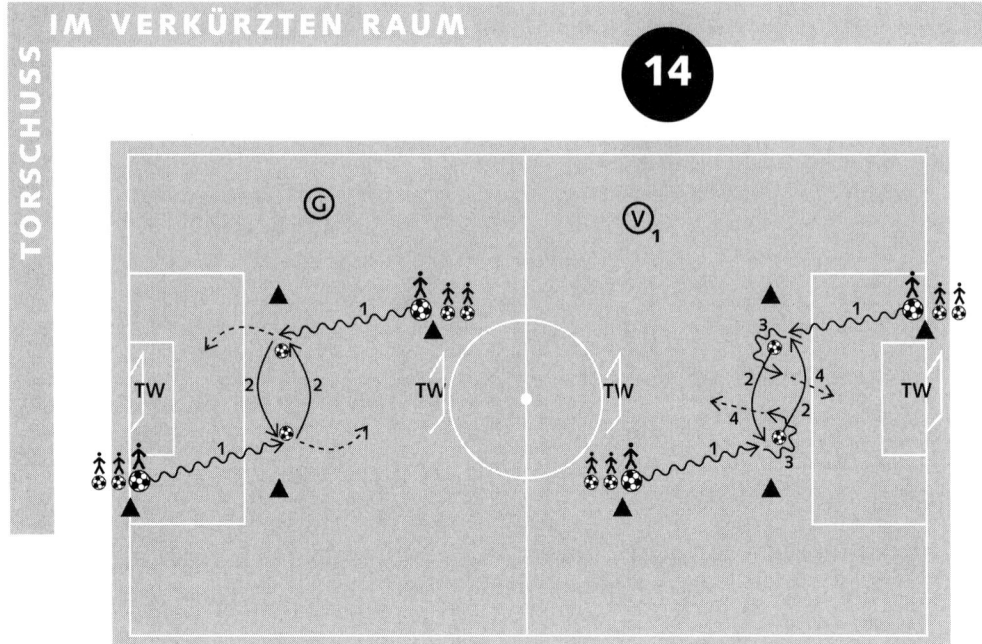

GERÄTE: Ein tragbares Tor ● Pro Spieler ein Ball ● 4 Hütchen

TRAININGSORGANISATION: Die beiden durch Torhüter besetzten Tore werden im Abstand von 30–35 Metern zueinander platziert. Alle Spieler sind in Besitz je eines Balles. Sie reihen sich neben den Toren hintereinander auf. Zwei Hütchen kennzeichnen die Höhe des Ablagepunktes der Bälle.

ABLAUF DER ÜBUNG/DES SPIELS: Die beiden ersten (zweiten ...) Spieler jeder Gruppe dribbeln gleichzeitig leicht diagonal nach innen gerichtet los. Auf Höhe der Hütchen stoppen die Akteure ihren Ball und erlaufen den gestoppten Ball des Partners. Diesen versuchen sie direkt oder nach einem kurzen Dribbling auf jenes Tor zu schießen, von dem aus sie gestartet sind.

VARIATION:

❶ Die Spieler täuschen den Schuss auf das Starttor an, vollziehen eine halbe Drehung mit Ball und schießen auf das gegenüberliegende Tor. (Vgl. Abb.)

IM VERKÜRZTEN RAUM

15

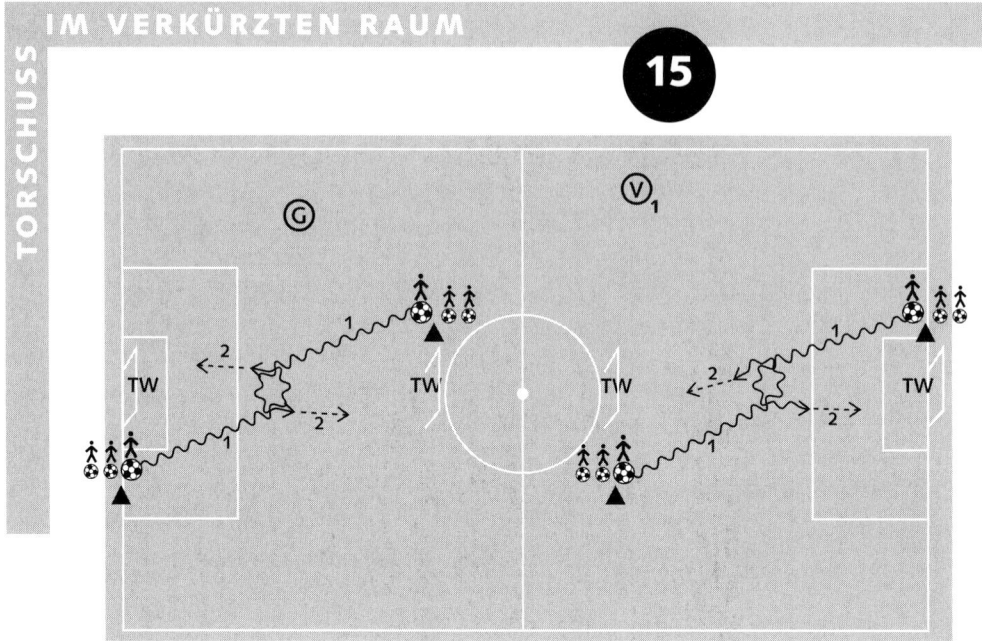

GERÄTE: Ein tragbares Tor ● Pro Spieler ein Ball ● 2 Hütchen

TRAININGSORGANISATION: Ein tragbares Tor ist in einer Entfernung von etwa 35 Metern zum Normaltor aufgestellt. Beide Tore sind von Torhütern besetzt. Neben beiden Toren stehen die Spieler hintereinander aufgereiht. Jeder Spieler ist in Besitz eines Balles.

ABLAUF DER ÜBUNG/DES SPIELS: Jeweils die Gruppenersten (-zweiten ...) starten zur selben Zeit, indem sie aufeinander zudribbeln. Beim Aufeinandertreffen umdribbeln sie sich gegenseitig in einer halben Drehung (Schulterkontakt), um anschließend aus der Drehung auf jenes Tor zu schießen, von dem sie gestartet sind. Diese Übungsform funktioniert allerdings nur, wenn beide Spieler das gleiche Spielbein (z. B. rechter Fuß) einsetzen.

VARIATION:

❶ Nach einer vollen Drehung (360 Grad) um den Partner erfolgt der Schuss auf das gegenüberliegende Tor. (Vgl. Abb.)

16

GERÄTE: Ein tragbares Tor ● Pro Spieler ein Ball ● 2 Hütchen

TRAININGSORGANISATION: Zwei gleich große Gruppen stehen sich an den Toren hintereinander stehend gegenüber. Die Tore sind von Torhütern besetzt. Jeder Spieler hat einen Ball. Die Torentfernung beträgt ungefähr 35 Meter.

ABLAUF DER ÜBUNG/DES SPIELS: Die jeweils diagonal aufeinander zudribbelnden Partner spielen etwa 6 Meter vor ihrem Aufeinandertreffen den Ball per Sohle (Absatz) nach hinten weg. Auf diese Weise kann jeder Spieler den Ball seines Partners erlaufen, ihn kurz zurücklegen und am gegenüberliegenden Tor als Torschuss anbringen.

VARIATION:

❶ Der Torabschluss wird direkt vorgenommen.

❷ Der Torwart eines Tores ist angehalten, immer wieder bewusst die Torlinie zu verlassen. Durch diese Aktionen sollen die Spieler veranlasst werden, nicht nur harte Schüsse anzubringen, sondern auch zu variantenreichen Abschlüssen wie «Heber», «Schlenzer» oder geschobenen Bällen zu kommen. (Vgl. Abb.)

❸ Ein Torhüter eines Tores hat sich ausdrücklich vor dem Fünfmeterraum zu postieren. Ihn gilt es auszuspielen. In Anbetracht der wesentlich höheren körperlichen Belastung ist in diesem Fall in kürzeren Abständen ein Rollentausch vorzunehmen. (Vgl. Abb.)

IM VERKÜRZTEN RAUM

17

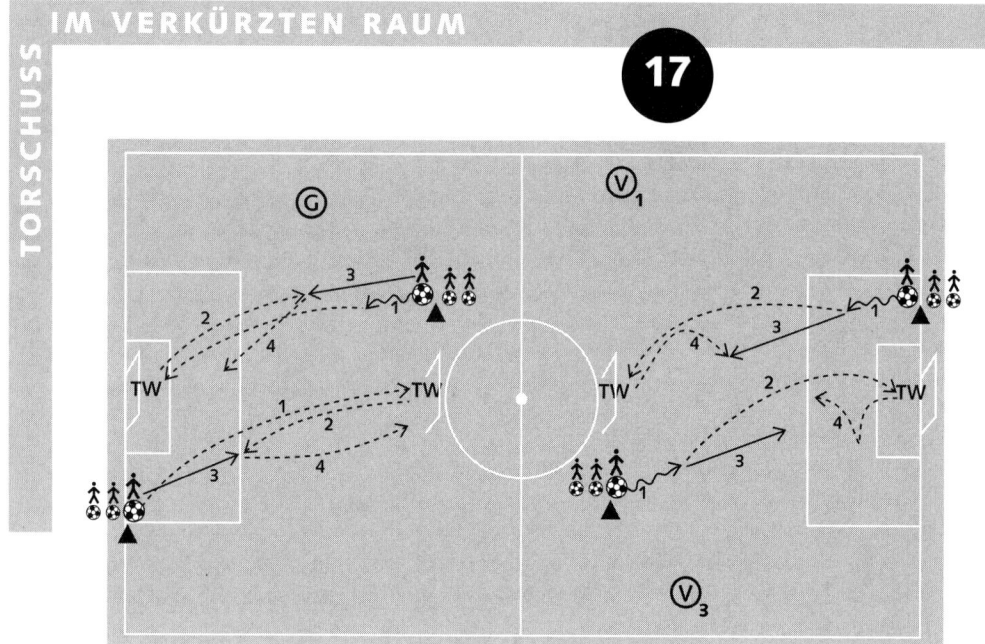

GERÄTE: Ein tragbares Tor ● Pro Spieler ein Ball ● 2 Hütchen

TRAININGSORGANISATION: Zwei Tore, im Abstand von 35–40 Metern aufgestellt, sind von den Torstehern belegt. Die Spieler, die in zwei Gruppen hinter den Toren stehen, verfügen jeweils über einen Ball.

ABLAUF DER ÜBUNG/DES SPIELS: Die Gruppenersten spielen nach einem kurzen Auftaktdribbling von etwa 3–4 Metern einen Flugball zum gegenüber postierten Torwart. Dieser nimmt den Pass auf und wirft den Ball dem inzwischen nachgerückten Passgeber (halb)hoch zurück. Einer schnellstmöglichen Ballan- und -mitnahme per Brust, Oberschenkel etc. folgt der Torabschluss.

VARIATION:

❶ Nach dem eröffnenden Flugball lässt der Torsteher dem Passgeber genügend Zeit, um sich dem Tor zu nähern. In angemessener Reichweite angelangt, wirft der Torhüter ihm dann zum direkten Kopfball zurück. (Vgl. Abb.)

❷ Der Flugball zum Torwart kommt halbhoch. Er muss diesen Pass (laut Rückpassregel) ohne Mithilfe der Hände fußballspezifisch verarbeiten und anschließend flach zurückpassen. Es folgt eine Direktabnahme durch den nachgerückten Spieler.

❸ Der Abwurf durch den Torhüter erfolgt in Form eines harten Aufsetzers. (Vgl. Abb.)

❹ Im Anschluss an den Abwurf soll der Tormann ausgespielt werden.

IM VERKÜRZTEN RAUM

18

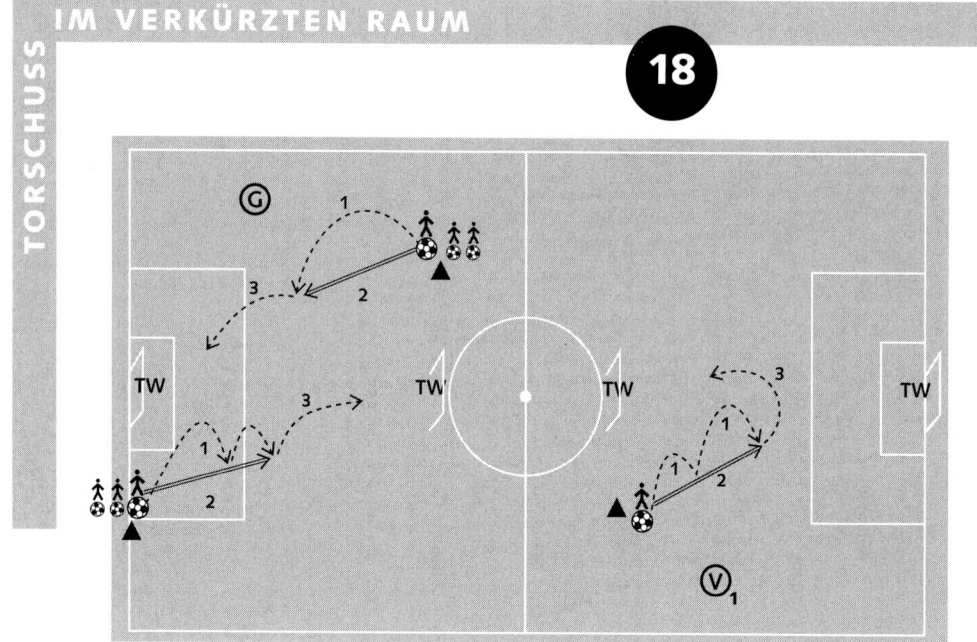

GERÄTE: Ein tragbares Tor ▪ Pro Spieler ein Ball ▪ 2 Hütchen

TRAININGSORGANISATION: Zwei Tore, in einer Entfernung von ungefähr 30 Metern zueinander aufgestellt, sind von Torhütern besetzt. Die Trainingsteilnehmer sind in zwei Gruppen aufgeteilt und neben den Toren hintereinander aufgestellt. Jeder Spieler ist mit einem Ball ausgestattet.

ABLAUF DER ÜBUNG/DES SPIELS: Die je ersten Spieler beginnen zur selben Zeit, indem jeder seinen Ball im Bogenwurf (von unten nach oben werfend) Richtung gegenüberliegendes Tor wirft. Dem Wurf folgt der sofortige Start mit dem Ziel, den herunterfallenden beziehungsweise aufspringenden Ball volley aus der Luft oder per Dropkick zu verwandeln.

VARIATION:

❶ Wurf und Start mit anschließendem Drehstoß auf das Starttor. (Vgl. Abb.)

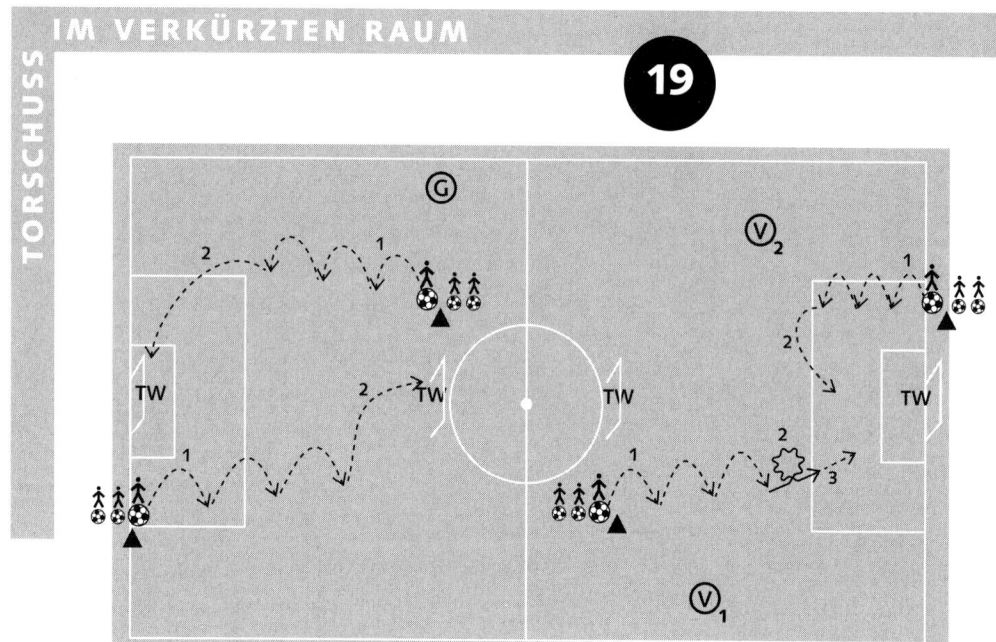

GERÄTE: Ein tragbares Tor ● Pro Spieler ein Ball ● 2 Hütchen

TRAININGSORGANISATION: Zwei Tore, in einer Distanz von etwa 30 Metern platziert, sind von den Torhütern besetzt. Die Übenden teilen sich in zwei Gruppen auf und nehmen neben den Toren hintereinander Aufstellung. Jeder Spieler hat einen Ball parat.

ABLAUF DER ÜBUNG/DES SPIELS: Beide Gruppen beginnen gegengleich. Die jeweils ersten Spieler jeder Reihe jonglieren ihren Ball in einer zügigen Fortbewegung Richtung Tor. Aus angemessener Entfernung zum Tor gilt es dann, den aus dem Jonglieren herabfallenden Ball volley (oder per Dropkick) zu verwandeln.

VARIATION:

❶ Der aus dem Jonglieren abwärts fallende Ball wird vor dem Torschuss in einer Drehbewegung um die eigene Achse (360 Grad) mitgenommen. (Vgl. Abb.)

❷ Der herunterfallende Ball ist in einer Drehung um die halbe Körperachse (180 Grad) unter Kontrolle zu bringen und auf jenes Tor zu schießen, von dem der Spieler gestartet ist. (Vgl. Abb.)

❸ Die Torhüter sind angewiesen, auf der Fünfmeterlinie zu stehen. Die jonglierenden Spieler versuchen nun den herabfallenden Ball gefühlvoll über den Torwart zu spielen.

IM VERKÜRZTEN RAUM

20

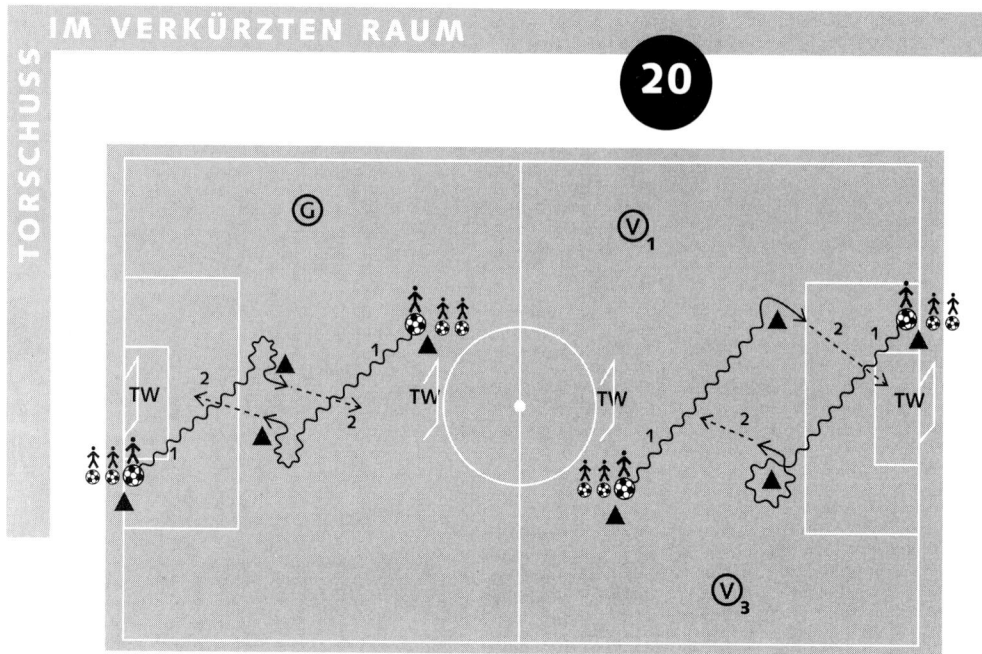

GERÄTE: Ein tragbares Tor ● Pro Spieler ein Ball ● 4 Hütchen

TRAININGSORGANISATION: Zwei gegenüberstehende Tore, im Abstand von 30–35 Metern erstellt, werden von je einem Torwart gehütet. Alle Spieler sind im Ballbesitz und verteilen sich auf zwei Gruppen, die sich seitlich der Tore in Reihen aufstellen. Auf der Höhe der Mitte zwischen beiden Toren ist jeweils auf der Halbposition ein Hütchen platziert.

ABLAUF DER ÜBUNG/DES SPIELS: Die je ersten Spieler beginnen gemeinsam, indem sie auf das entferntere, diagonal gegenüberstehende Hütchen in hohem Tempo zudribbeln, in der vermeintlichen Absicht, das Hütchen mit dem linken Fuß außen zu umlaufen. Kurz vor dem Hütchen vollziehen die Übenden allerdings eine kappende (abbrechende) Schussfinte, legen damit den Ball vom linken auf den rechten Fuß und bringen auf diese Weise das Dribbling per Rechtsschuss (also rechts vom Hütchen) zum Abschluss.

VARIATION:

❶ Die Hütchen werden tatsächlich außen umlaufen, das heißt, der Torabschluss erfolgt mit dem linken Fuß (ins lange Eck). (Vgl. Abb.)

❷ Das Hütchen unmittelbar vor der Gruppe wird angedribbelt und vor dem Torschuss a) in einer Rechts-links-Täuschung (bzw. Links-rechts-Täuschung), b) per «Übersteiger» oder c) in einer vollen Umrundung ausgespielt.

❸ Das entfernt stehende Hütchen wird von innen angelaufen und einmal völlig umdribbelt, bevor der Torabschluss erfolgt. (Vgl. Abb.)

IM VERKÜRZTEN RAUM

21

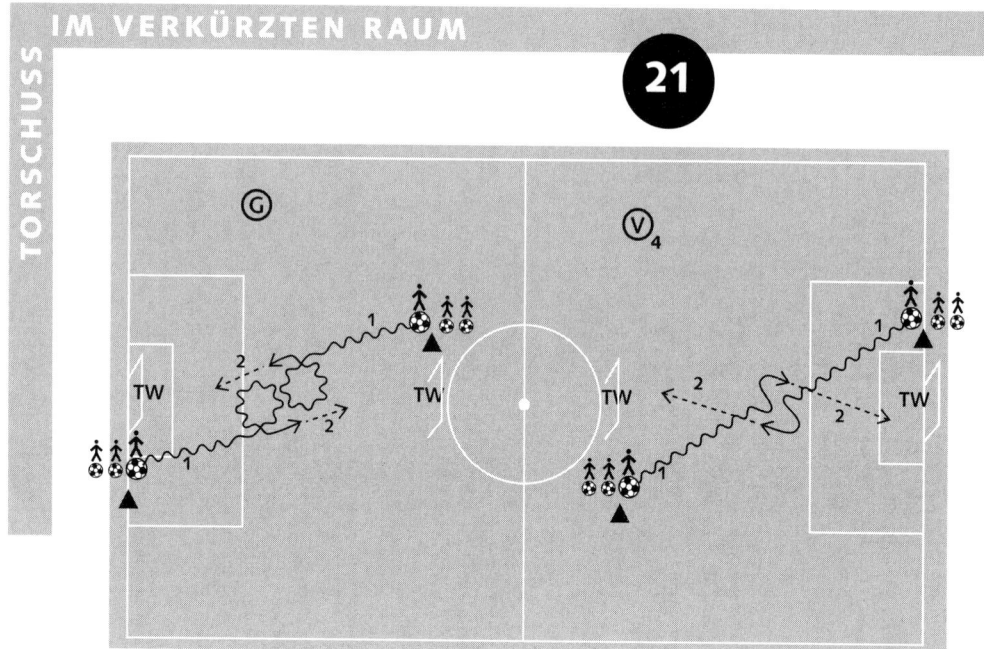

GERÄTE: Ein tragbares Tor ● Pro Spieler ein Ball ● 2 Hütchen

TRAININGSORGANISATION: Die beiden in einer Entfernung von etwa 30 Meter positionierten Tore sind von Torhütern besetzt. Die in zwei Gruppen aufgeteilten Spieler stehen hintereinander neben den beiden Toren. Jeder ist dabei in Besitz eines Balles.

ABLAUF DER ÜBUNG/DES SPIELS: Die jeweils ersten Akteure dribbeln (mit demselben Spielbein) gleichzeitig aufeinander zu. Ungefähr 4–5 Meter vor dem Zusammentreffen in der Spielfeldmitte holen beide Spieler zu einer Schussfinte aus, vollziehen eine ganze Drehung mit dem Ball per Innenseite und schießen dann auf das gegenüberliegende Tor.

VARIATION:

❶ Die Drehung mit dem Ball erfolgt nun per Außenseite.

❷ Beide Spieler praktizieren einen Übersteiger. Dabei sind allerdings das Spielbein und die Bewegungsrichtung der ersten Finte festzulegen.

❸ Die Akteure vollziehen 6–8 Meter vor dem Aufeinandertreffen einen doppelten Übersteiger.

❹ Die beiden Spielpartner dribbeln z. B. mit dem rechten Spielbein aufeinander zu. Ungefähr 5 Meter vor dem Zusammentreffen der Spieler führen beide eine Schussfinte, kombiniert mit einer kappenden (abbrechenden) Bewegung, aus, bei der gleichzeitig der Ball vom rechten auf den linken Fuß gelegt wird. Somit kommt es zum Torabschluss mit dem linken Fuß. (Dribbling linkes Bein-Schussfinte-Torabschluss mit rechtem Fuß)

IM VERKÜRZTEN RAUM

22

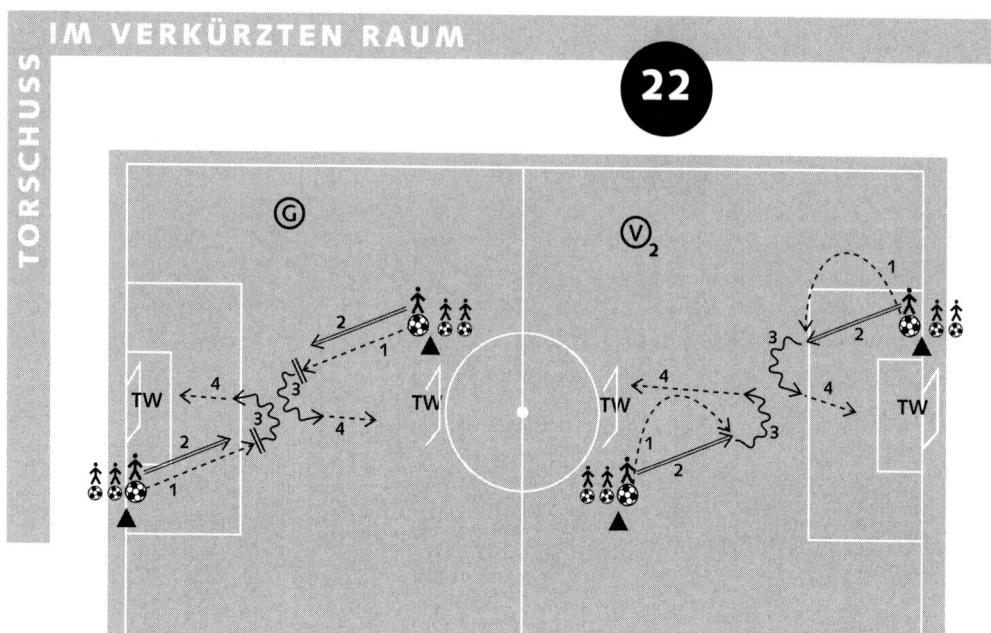

GERÄTE: Ein tragbares Tor ● Pro Spieler ein Ball ● 2 Hütchen

TRAININGSORGANISATION: Ein tragbares Tor verkürzt den Raum zum Normaltor auf zirka 35 Meter. Jedes Tor wird von einem Torhüter besetzt. Die Spieler teilen sich in zwei gleich große Gruppen und postieren sich mit ihren Bällen hintereinander neben den Toren.

ABLAUF DER ÜBUNG/DES SPIELS: Die Gruppenersten spielen ihren Ball so dosiert diagonal in Richtung des gegenüberliegenden Tores, dass sie ihren eigenen Pass noch vor der Mitte erlaufen können. Dort bringen sie ihren Ball unter Kontrolle, indem sie ihn mit ausgestrecktem Bein ertackeln. Nach der Ballkontrolle, dem darauf folgenden Aufrichten und einer halben Drehung schießen sie auf jenes Tor, von dem sie gestartet sind.

Anmerkung: Voraussetzung für diese Übung ist ein feuchter Rasen!

VARIATION:

❶ Nach dem Ertackeln des Balles erfolgt eine ganze Drehung mit einem darauf folgenden Torschuss zum anderen Tor.

❷ Anstatt eines Passes wird der Ball mit beiden Händen (von unten nach oben) diagonal nach vorn geworfen. Dieser hoch einfallende, möglicherweise aufspringende Ball ist aus der Drehung unter Kontrolle zu bringen und als Torschuss zu verwerten. (Vgl. Abb.)

IM VERKÜRZTEN RAUM

23

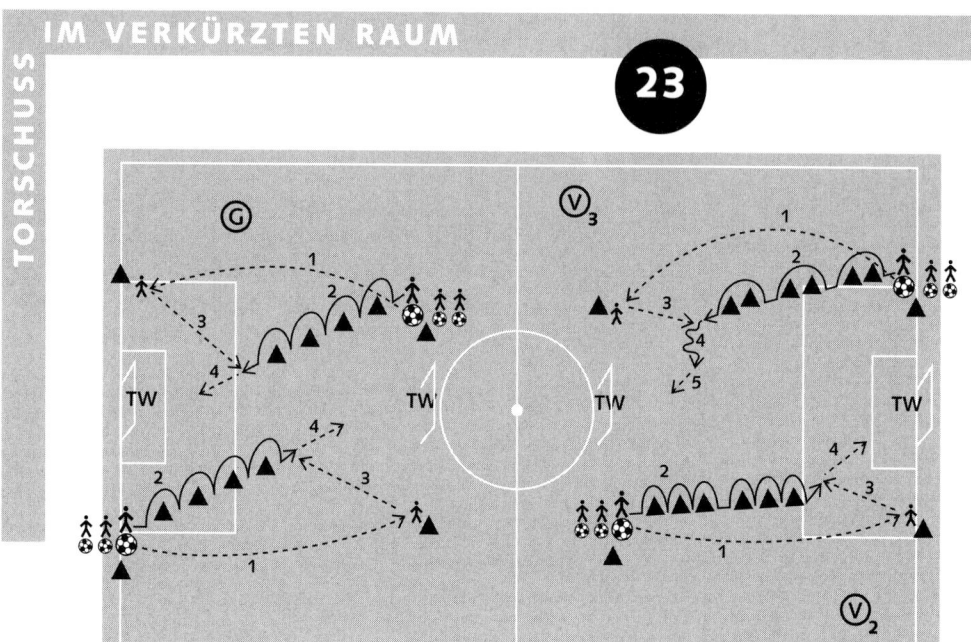

GERÄTE: Ein tragbares Tor ● Pro Spieler ein Ball ● 8–12 Hütchen

TRAININGSORGANISATION: Ein tragbares Tor wird in einer Entfernung von 25–30 Metern vom fest installierten Tor platziert. Die Torhüter nehmen in den Toren Aufstellung. Die mit je einem Ball ausgestatteten Spieler teilen sich in zwei Gruppen. Sie reihen sich rechts neben beiden Toren hintereinander auf. Ein Spieler jeder Gruppe postiert sich gegenüber am anderen Tor. Zirka 3–4 Meter nach der Startmarkierung werden vier bis fünf im Abstand von etwa einem Meter hintereinander stehende Hütchen angebracht.

ABLAUF DER ÜBUNG/DES SPIELS: Die beiden Gruppenersten spielen zum Auftakt einen Flugball zum gegenüber postierten Anspieler (Wandspieler). Im Anschluss daran starten sie ihrem Pass nach, überwinden dabei die hintereinander aufgereihten Hütchen im Schlusssprung und erlaufen den in der Zwischenzeit vom Anspieler zurückgelegten Pass. Nach einer kurzen An- und Mitnahme des Balles gilt es dann den Torschuss anzubringen.

VARIATION

❶ Die Hütchen werden im seitlichen Schlusssprung überwunden.

❷ Es werden zwei aus 3–4 Hütchen bestehende Reihen gebildet. Der Hütchenabstand beträgt knapp einen Meter. Die Distanz zwischen beiden Reihen beläuft sich auf 2–3 Meter. Während die erste Reihe im Einbeinsprung links zu überspringen ist, soll die zweite Reihe mit dem rechten Bein bewältigt werden. (Vgl. Abb.)

❸ Auf dem Weg zum Torabschluss sind drei hintereinander in einem Abstand von ungefähr drei Metern aufgestellte Hütchenpaare im Laufsprung zu überspringen. Ein Hütchenpaar ist in einem Abstand von zirka einem Meter erstellt. (Vgl. Abb.)

❹ Der Torabschluss erfolgt in Form einer Direktabnahme.

IM VERKÜRZTEN RAUM

24

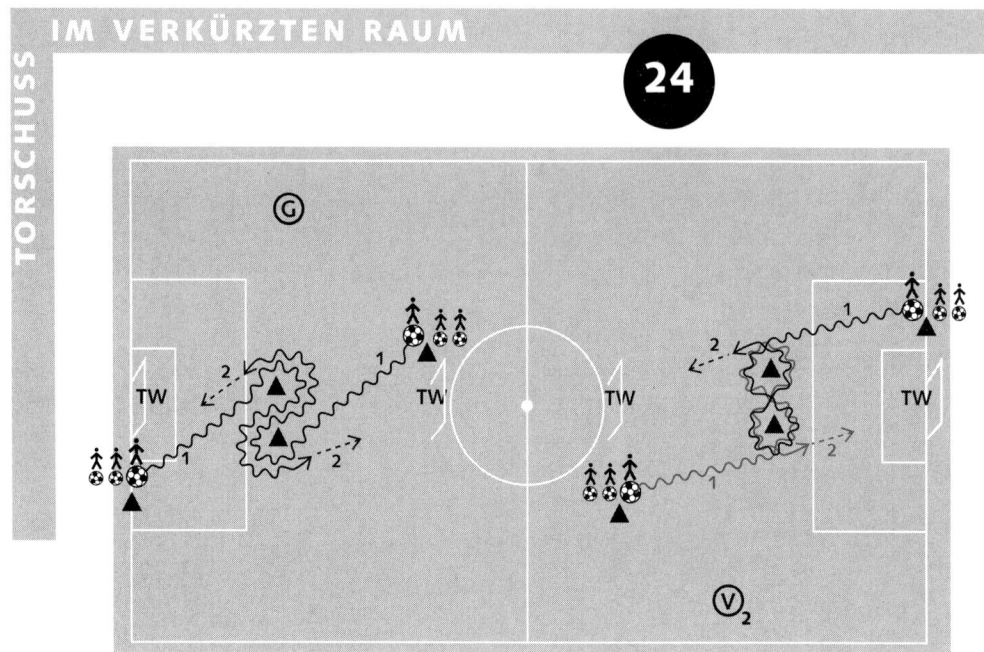

GERÄTE: Ein tragbares Tor ● Pro Spieler ein Ball ● 4 Hütchen

TRAININGSORGANISATION: Zwei Torhüter besetzen die 35–40 Meter auseinander gestellten Tore. In der Mitte zwischen beiden Toren werden zwei Hütchen in einem Abstand von zirka zwei Metern platziert. Aufgeteilt in zwei gleich große Gruppen stehen die Teilnehmer hintereinander neben den Toren. Jeder Spieler ist mit einem Ball ausgerüstet.

ABLAUF DER ÜBUNG/DES SPIELS: Die beiden Gruppenersten starten jeweils gleichzeitig und dribbeln in S-Form durch das in der Mitte stehende Hütchentor, ohne sich dabei zu behindern oder die Kontrolle über den Ball zu verlieren. Der Ball ist dabei mit dem Körper vor dem entgegendribbelnden Partner abzuschirmen. Beide Spieler laufen je nach Vorgabe zuerst das entfernt stehende Hütchen an, womit es automatisch zum Torabschluss mit dem rechten Fuß kommen würde.

VARIATION:

❶ In einer darauf folgenden Form ist zunächst das näher stehende, rechte Hindernis anzudribbeln; dann folgt der Abschluss allerdings folgerichtig mit dem linken Fuß.

❷ Die Übenden umdribbeln das Offentor in Form einer (liegenden) Acht. (Vgl. Abb.)

IM VERKÜRZTEN RAUM

25

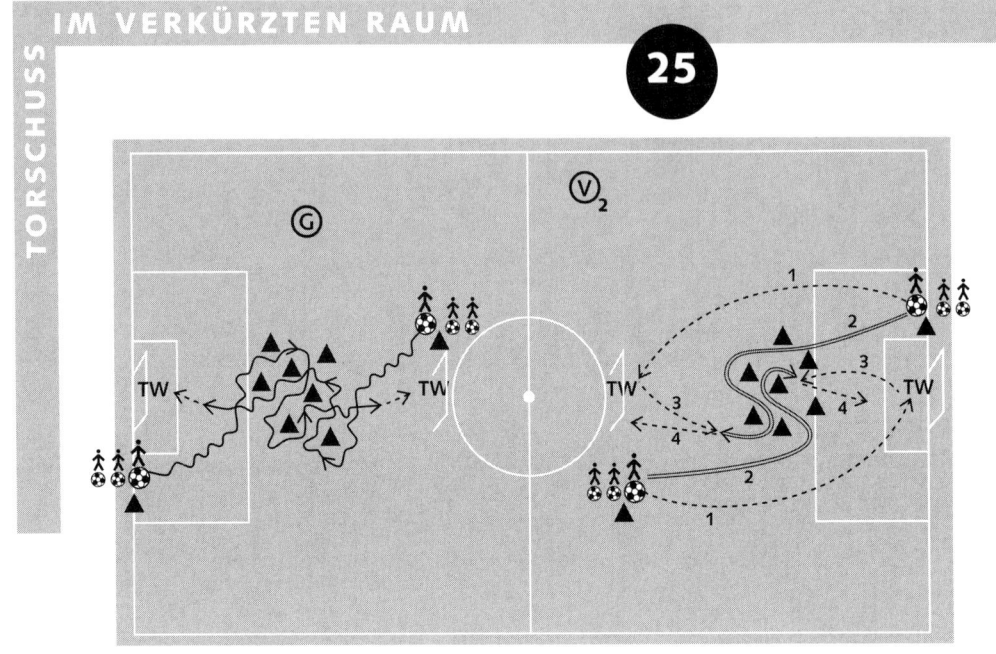

GERÄTE: Ein tragbares Tor ● Pro Spieler ein Ball ● 6–10 Hütchen

TRAININGSORGANISATION: Ein tragbares Tor steht in einer Entfernung von etwa 40 Metern vom fest installierten Tor. Beide Tore sind von Torstehern besetzt. Pro Spieler steht ein Ball zur Verfügung. Die Spieler teilen sich in zwei Gruppen neben den beiden Toren auf. In der Mitte zwischen den Toren ist ein aus zirka 8 Hütchen bestehender «Hütchendschungel» erstellt.

ABLAUF DER ÜBUNG/DES SPIELS: Der Start der Gruppenersten erfolgt gleichzeitig. Dabei müssen beide Spieler auf ihrem Weg zum Tor mindestens 3 beliebige Hütchen im Hütchenlabyrinth umdribbeln, ohne sich dabei zu behindern beziehungsweise die Ballkontrolle zu verlieren. Anschließend erfolgt der Torschuss.

VARIATION:

❶ Zwei Hütchen müssen einmal ganz umdribbelt werden.

❷ Die jeweiligen Gruppenersten spielen zum Auftakt einen Flugball zum gegenüber postierten Torhüter. Darauf erfolgt ein Sprint durch das Hütchenlabyrinth, bei dem mindestens drei Hütchen zu umlaufen sind. Anschließend heißt es den Zuwurf des Tormanns zu verarbeiten und als Torschuss anzubringen. (Vgl. Abb.)

❸ Anstatt mit einem Sprint werden die Hütchen im Seitgalopp umkurvt.

IM VERKÜRZTEN RAUM

26

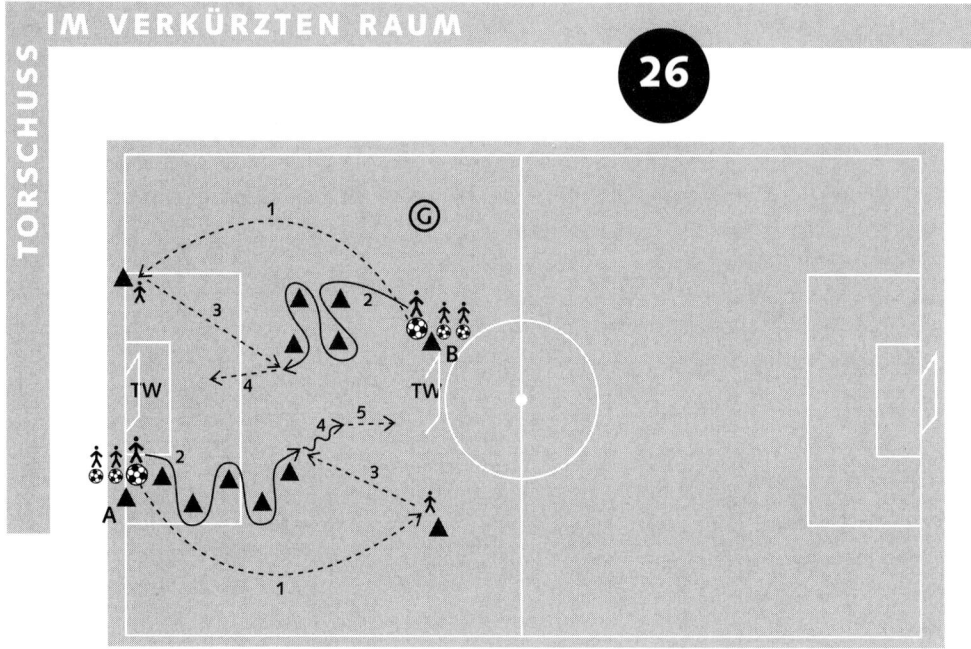

GERÄTE: Ein tragbares Tor ● Pro Spieler ein Ball ● 13 Hütchen

TRAININGSORGANISATION: Zwei von Torhütern besetzte Tore sind im Abstand von 25–30 Metern aufgestellt. Die Trainingsteilnehmer teilen sich in zwei Gruppen auf; jeder Spieler ist mit einem Ball ausgerüstet. Beide Gruppen postieren sich rechts beider Tore, ein Spieler jeder Mannschaft stellt sich links des gegenüberliegenden Tores auf.

Während von Tor A ein aus fünf Hütchen erstellter, unregelmäßiger Slalomparcours (1,5–2 Meter Abstand) wegführt, stehen am gegenüberliegenden Tor B zwei 1,5 Meter breite und im Abstand von 2 Metern aufgebaute Hütchentore.

ABLAUF DER ÜBUNG/DES SPIELS: Die ersten Spieler beider Gruppen spielen zunächst einen Flugball zum gegenüber postierten Mitspieler. Der Spieler der Gruppe A durchsprintet daraufhin den unregelmäßig erstellten Slalomparcours, der Spieler der Gruppe B sprintet zweimal in S-Form durch die Hütchentore. Unmittelbar nach Absolvierung der Sprintaufgaben erfolgt der Rückpass durch den gegenüber postierten Anspieler, der nach einer schnellstmöglichen Kontrolle als Torschuss angebracht wird. Die Anspieler bleiben entweder für einen Durchgang auf ihrer Position, oder der jeweilige Schütze übernimmt im Anschluss an den Torschuss die Funktion des Anspielers.

VARIATION:

❶ Torschüsse dürfen nur direkt angebracht werden.

❷ An einem der beiden Tore muss der Torhüter ausgespielt werden (Tor festlegen und Rollen der Torhüter bei Bedarf tauschen).

❸ Der Lauf durch die Hütchen erfolgt im Seitgalopp.

IM VERKÜRZTEN RAUM

27

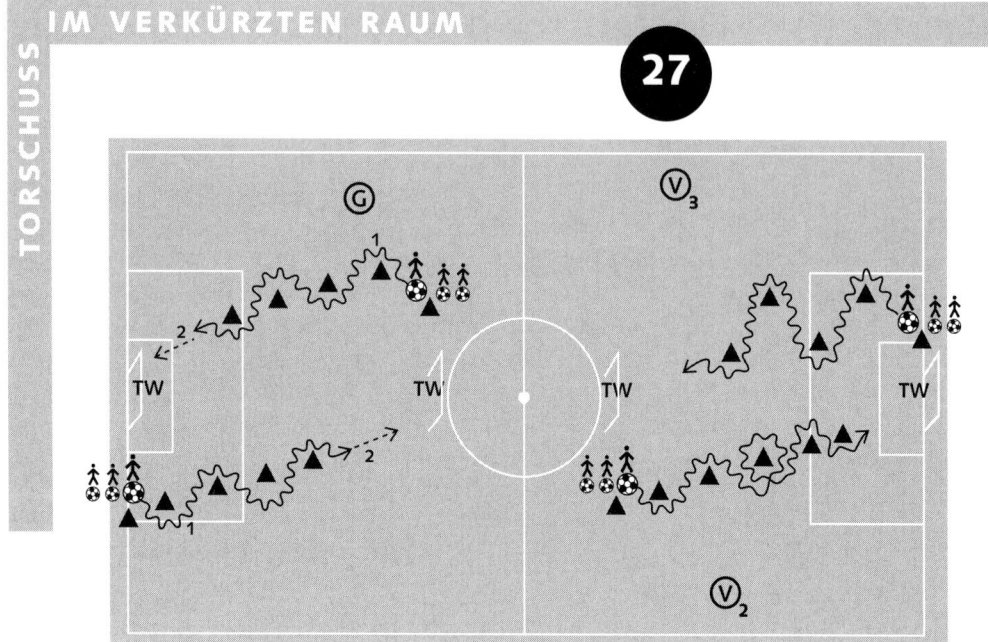

GERÄTE: Ein tragbares Tor ● Pro Spieler ein Ball ● 8–12 Hütchen

TRAININGSORGANISATION: Zwei Tore begrenzen den Übungsraum auf zirka 25 Meter. Die Mannschaft teilt sich in zwei Gruppen, die sich in zwei Reihen neben den beiden Toren formieren. Jeder Spieler ist in Besitz eines Balles. Seitlich von jedem Tor ausgehend wird ein gerader, aus 4–6 Hütchen bestehender Slalomparcours erstellt.

ABLAUF DER ÜBUNG/DES SPIELS: Die je ersten Spieler jeder Gruppe durchdribbeln ihren Slalomparcours und schließen danach per Torschuss auf das gegenüberliegende Tor ab.

VARIATION:

❶ Der Torschuss im Anschluss an das Slalomdribbling erfolgt auf das Starttor.

❷ Das mittlere Hütchen soll vollständig umdribbelt werden. (Vgl. Abb.)

❸ Der Slalomparcours wird nicht in einer Linie, sondern stark versetzt erstellt. (Vgl. Abb.)

❹ Nach dem Dribbling tauschen die Partner mit einem Querpass die Bälle vor dem Torschuss auf das gegenüber platzierte Tor aus. (Ball in den Lauf spielen!)

❺ Nach dem Austausch der Bälle wird der Ball entgegen der Laufrichtung mitgenommen und auf das Starttor geschossen.

IM VERKÜRZTEN RAUM

28

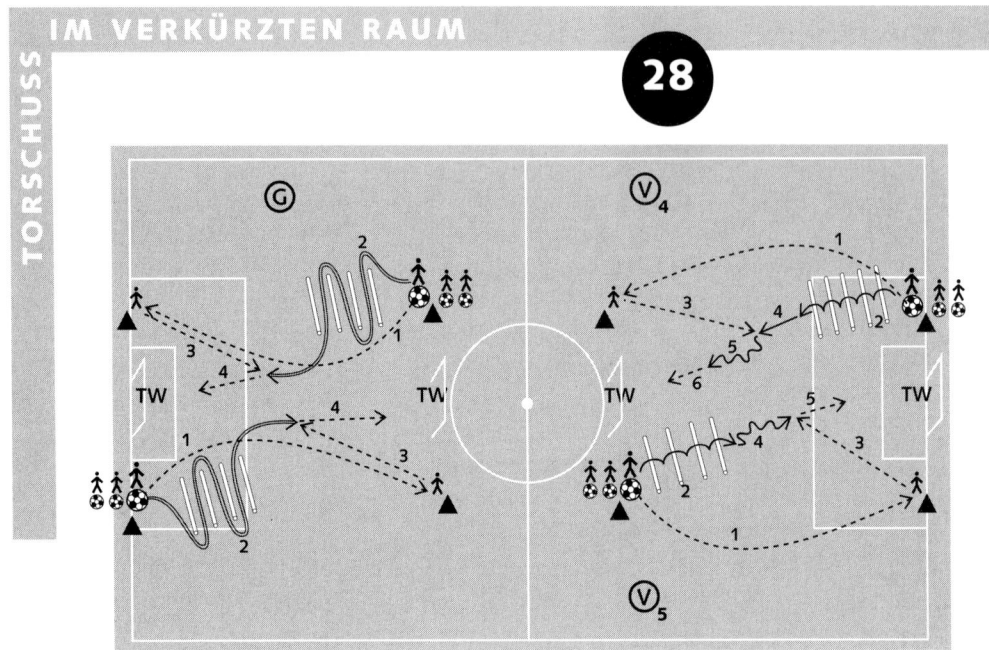

GERÄTE: Ein tragbares Tor • Pro Spieler ein Ball • 4 Hütchen • 8 Stäbe oder Sprungseile

TRAININGSORGANISATION: Zwei Tore werden im Abstand von zirka 30 Metern zueinander erstellt und von Torhütern besetzt. Die Spieler sind in zwei Gruppen eingeteilt. Sie reihen sich, jeweils mit einem Ball ausgestattet, rechts der beiden Tore auf. Links neben den Toren ist jeweils ein Spieler postiert. Etwa fünf Meter diagonal vom Tor entfernt liegen vier im Abstand von maximal einem Meter parallel zueinander gelegte Stäbe oder Sprungseile.

ABLAUF DER ÜBUNG/DES SPIELS: Die beiden ersten Spieler jeder Gruppe beginnen mit einem Flugball zum gegenüberstehenden Anspieler und starten diesem Pass nach. Dabei sind die abgelegten Stäbe oder Seile im Slalomsprint zu umlaufen. Der anschließende Rückpass durch den zuvor angespielten Mitspieler wird nach einer kurzen Ballkontrolle auf das Tor geschossen.

VARIATION:

❶ Der Torschuss erfolgt in Form einer Direktabnahme.

❷ Das Umlaufen der Stäbe/Seile geschieht im Wechsel von Vorwärts- und Rückwärtssprint.

❸ Die Stäbe/Seile werden ausschließlich a) im Rückwärtssprint, b) im Seitgalopp durchlaufen.

❹ Die etwas enger gelegten Stäbe/Seile werden a) im Kniehebelauf, b) anfersend, c) im Skipping usw. überlaufen. (Vgl. Abb.)

❺ Die ungefähr 1,5–2 Meter auseinander liegenden Stäbe/Seile gilt es im Laufsprung zu überwinden. (Vgl. Abb.)

IM VERKÜRZTEN RAUM

29

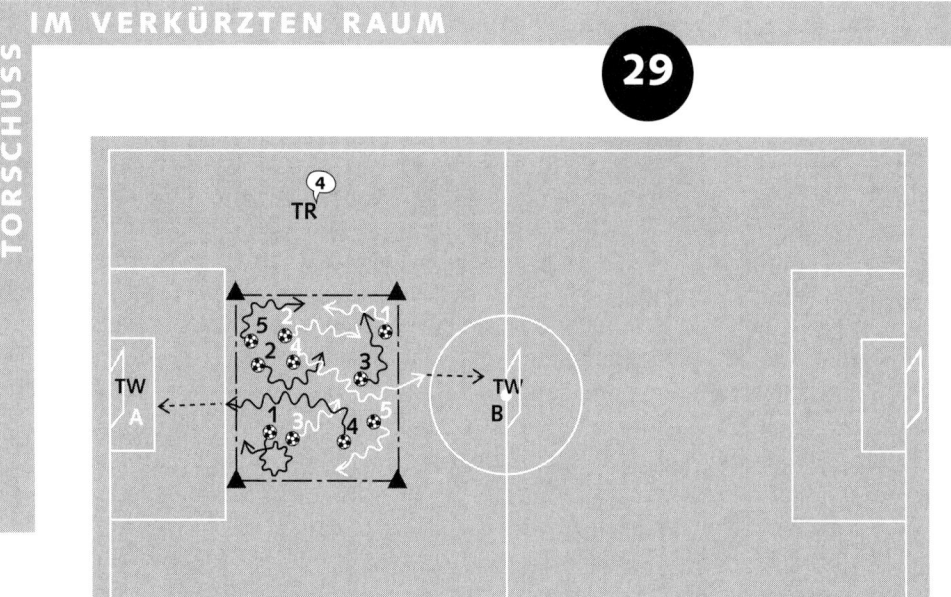

GERÄTE: Ein tragbares Tor ● Pro Spieler ein Ball ● Trikots ● 4 Hütchen

TRAININGSORGANISATION: Die beiden Tore sind in einer Entfernung von etwa 50 Metern platziert und von Torhütern besetzt. In der Mitte zwischen beiden Toren ist mit vier Hütchen ein Viereck mit den Maßen von etwa 15×25 Metern erstellt. In diesem Viereck finden sich alle Spieler mit einem Ball ausgestattet ein. Die Spieler werden in zwei Gruppen eingeteilt. Die mit Erkennungstrikots versehene Gruppe schießt auf das Tor A, die bunte Partei auf das Tor B. Die beiden Gruppen werden durchnummeriert, das heißt, es gibt 2-mal die Nummer eins, zwei, drei …

ABLAUF DER ÜBUNG/DES SPIELS: Die Spieler beider Gruppen dribbeln innerhalb des abgegrenzten Feldes durcheinander, indem sie die unten angeführten Dribbel- und Fintieraufgaben absolvieren.

Dazwischen gilt es für die entsprechend ihrer Nummer (durch den Trainer) aufgerufenen Spieler, aus dem Viereck zu dribbeln und außerhalb des abgesteckten Raumes einen Torschuss anzubringen. Auf den Zuruf «VIER» dribbeln folglich die beiden mit der Nummer 4 versehenen Spieler in gegengleicher Richtung aus dem Viereck, um dann auf das zugeordnete Tor zu schießen. Die Schützen bleiben im Feld und traben als «Hindernisse» durcheinander, bis alle Spieler zum Torschuss aufgerufen wurden. Erst danach gilt es, die Bälle einzusammeln und mit der darauf folgenden Übung fortzufahren.

Dribbelformen: a) nur mit rechtem (linkem) Bein, b) mit Innenseite (Außenseite) dribbeln, c) Ball seitlich mit der Sohle führen, d) zwischen den Innenseiten des linken und rechten Fußes hin und her spielen, e) Drehungen mit Ball um die eigene Achse per Innenseite (Außenseite), f) «Übersteiger …».

VARIATION:

❶ Anstatt verschiedener Ballführungsformen diverse Jonglierformen anbieten.

❷ Das Viereck mit mehreren Hütchen versehen, die es zu umspielen gilt.

TORSCHUSS-SPIELE

30

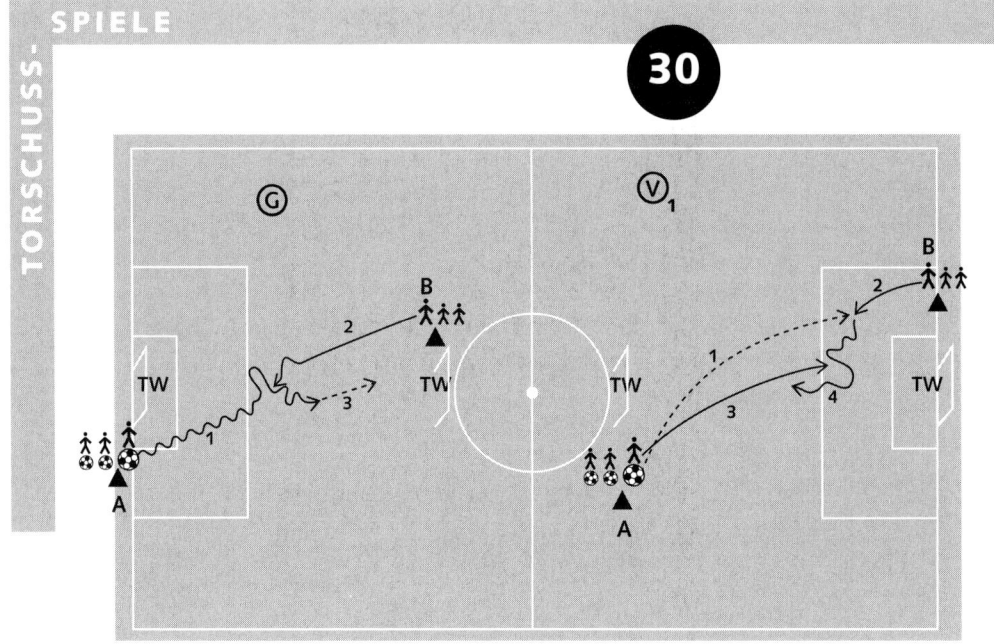

GERÄTE: Ein tragbares Tor ● Partnerweise ein Ball ● 2 Hütchen

TRAININGSORGANISATION: Ein tragbares Tor verkürzt das Spielfeld auf 30–35 Meter. Die beiden Tore werden von Torhütern besetzt. Die Trainingsteilnehmer sind in zwei Gruppen eingeteilt und reihen sich neben den beiden Toren hintereinander auf. Die Spieler der Gruppe A sind jeweils in Besitz eines Balles.

ABLAUF DER ÜBUNG/DES SPIELS: Der erste Spieler von Gruppe A beginnt mit einem Dribbling gegen den entgegenkommenden Gruppenersten der Reihe B, der als Abwehrspieler fungiert. Ziel des Ballbesitzenden ist es, sich im Dribbling durchzusetzen und möglichst schnell zum Torabschluss zu gelangen. Kommt der Abwehrspieler in Ballbesitz, so nutzt er seinerseits die Chance zu kontern. Jeder Spieler stellt sich daraufhin bei der gegenüber postierten Gruppe auf.

VARIATION:

❶ Der Spieler A schlägt (anstatt auf seinen Übungspartner zuzudribbeln) einen Flugball zum gegenüber postierten Akteur B. Indem er nun seinem eigenen Pass folgt und damit den ballannehmenden Gegenspieler B unter Druck setzt, ist er bemüht, den Ball zurückzuerobern, zumindest aber den Torschuss des nun Ballbesitzenden zu stören (Pass mit anschließendem 1:1). (Vgl. Abb.)

❷ Der Gruppenerste von Riege A spielt wie bei Variante eins zum Auftakt einen Flugball zu seinem Gegenüber B. Akteur B spielt nach einer kurzen Ballkontrolle erneut zurück zu A und versucht nun seinerseits, durch entschlossenes Nachrücken Spieler A am Torschuss zu hindern bzw. eventuell selbst zum Torabschluss zu kommen (Pass–Rückpass mit abschließendem 1:1).

31

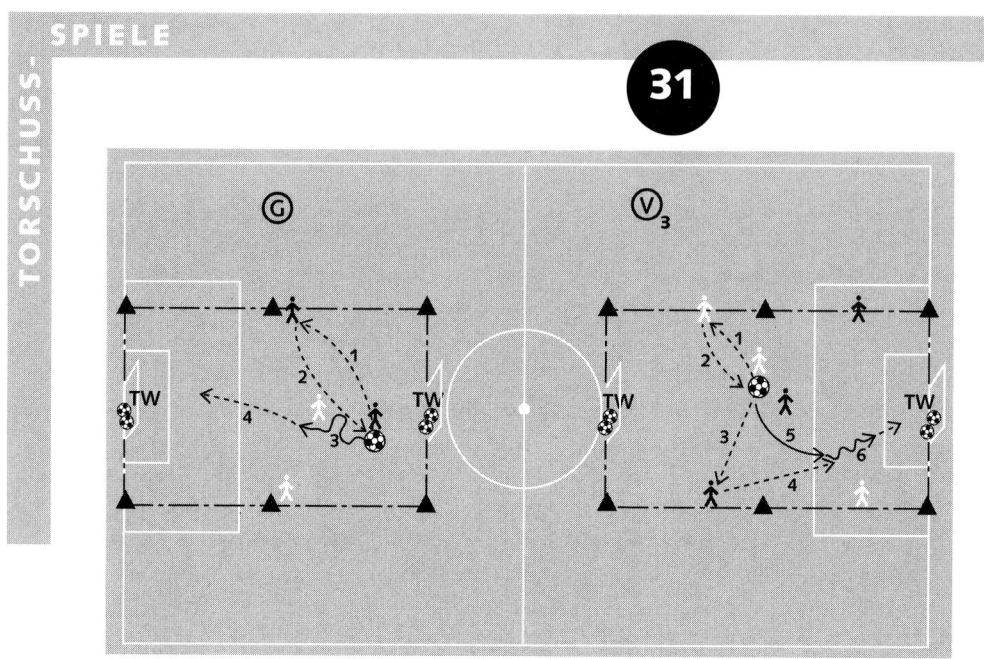

GERÄTE: Ein tragbares Tor • 1 Ball plus Ersatzbälle in den Toren • 6 Hütchen

TRAININGSORGANISATION: Das Spielfeld wird durch zwei Tore auf eine Distanz von 25–30 Metern reduziert und mit Hilfe von sechs Hütchen auf 20–25 Meter verschmälert. Die Torhüter beziehen ihre Position in den Toren. An den beiden mittleren Hütchen ist je ein Spieler postiert. Zwei weitere Spieler befinden sich im Spielfeld. In den Toren liegen ausreichend Ersatzbälle.

ABLAUF DER ÜBUNG/DES SPIELS: Die sich im Spielfeld gegenüberstehenden Spieler treffen im Spiel 1:1 aufeinander. Dabei sind die beiden Kontrahenten angehalten, die an den Hütchen stehenden Mitspieler als Wandspieler in ihr Spiel mit einzubeziehen. Ein Spieldurchgang dauert zirka 45 Sekunden. Die aktiv zu gestaltenden Pausen belaufen sich auf 2–4 Minuten. Diese Spielform eignet sich hervorragend zum Stationsbetrieb.

VARIATION:

❶ Im Spiel 2+1:1+2 agieren die beiden 1:1-Spielenden mit der Unterstützung von je zwei Anspielern, wobei auf jeder Seite ein Zuspieler zur Verfügung steht.

❷ Vgl. Variante 1; nach einer Ballübergabe mit dem gleichfarbigen Anspieler ist ein Rollentausch möglich. Auf diese Weise ist eine Verlängerung der Spielzeit auf 2–3 Minuten möglich.

❸ Im selben Spiel sind nun alle vier Zuspieler für beide Spieler anspielbar. (Vgl. Abb.)

❹ Die im 1:1 aufeinander treffenden Akteure erhalten sechs um das Spielfeld anspielbereite Wandspieler, die durch zwei verschiedene Trikotfarben kenntlich gemacht sind (3+1:1+3). Dabei stehen je zwei Spieler auf der Grundlinie seitlich der Tore und einer an der Mittellinie. Das Spiel läuft ohne Pause, weil jeder Ballbesitzende mit jedem gleichfarbigen Zuspieler nach Pass oder Ballübergabe die Aufgabe wechseln kann. Im Anschluss an ein Tor wechseln die Spielpaare in einer abgesprochenen Reihenfolge automatisch.

32

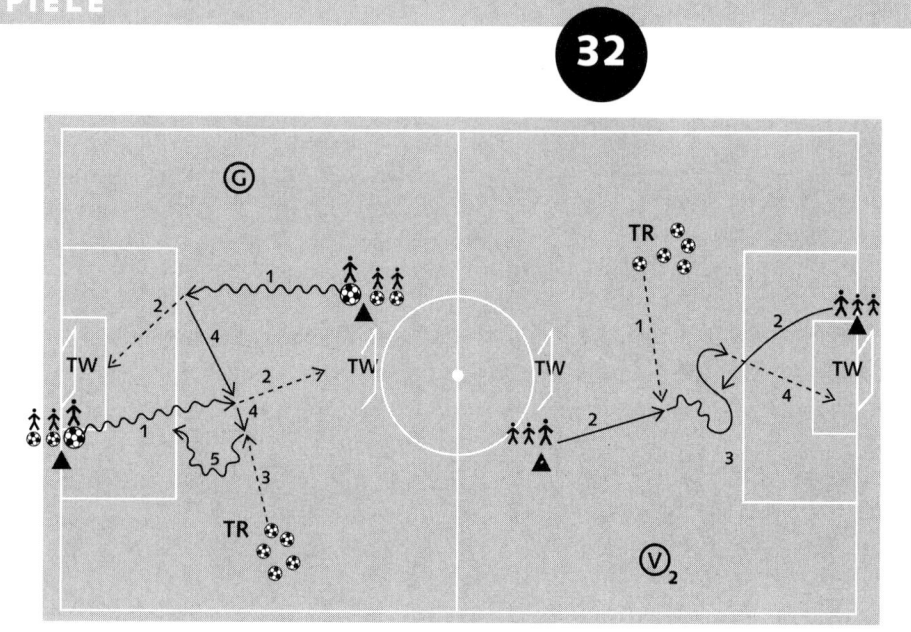

G E R Ä T E : Ein tragbares Tor ● Pro Spieler ein Ball plus weitere 5 Bälle

T R A I N I N G S O R G A N I S A T I O N : Ein 30–35 Meter vom Normaltor entfernt stehendes tragbares Tor verkürzt das Spielfeld. Rechts neben beiden von Torhütern besetzten Toren reihen sich die in zwei Gruppen organisierten Trainingsteilnehmer auf. Jeder Spieler ist mit einem Ball ausgestattet. An einer Spielfeldseite, auf Höhe der Mitte zwischen beiden Toren postiert sich der Trainer (oder auch ein Spieler), dem mindestens fünf weitere Bälle zur Verfügung stehen.

A B L A U F   D E R   Ü B U N G / D E S   S P I E L S : Die jeweils ersten Spieler jeder Gruppe beginnen mit einem gleichzeitigen Dribbling auf das gegenüberliegende Tor und bringen dort einen Torschuss an. Unmittelbar darauf wenden sich beide Spieler dem an der Mittellinie stehenden Trainer (Spieler) zu. Dieser spielt nun dem nächstpostierten Spieler flach in den Fuß. Mit einer schnellen Ballan- und -mitnahme versucht der Ballbesitzende dann, gegen den Widerstand des anderen Akteurs auf a) ein zuvor bestimmtes oder b) ein beliebiges Tor zu schießen.

V A R I A T I O N :

❶ Das flache Zuspiel wird durch einen Zuwurf auf Brusthöhe ersetzt.

❷ Anstatt des vorausgehenden Schusses beider Spieler passt der Übungsleiter den Ball quer in die Spielfeldmitte. Die beiden Gruppenersten sprinten um diesen Ball. Wer in Ballbesitz gelangt, ist bestrebt, ein Tor zu erzielen. Um die Verletzungsgefahr zu verringern, ist es empfehlenswert, den Pass leicht versetzt zur Mitte zu spielen, wenngleich ein Spieler dadurch etwas benachteiligt wird. (Vgl. Abb.)

❸ Vgl. Variante 2; der Ball wird hoch eingeworfen oder als Aufsetzer angebracht.

33

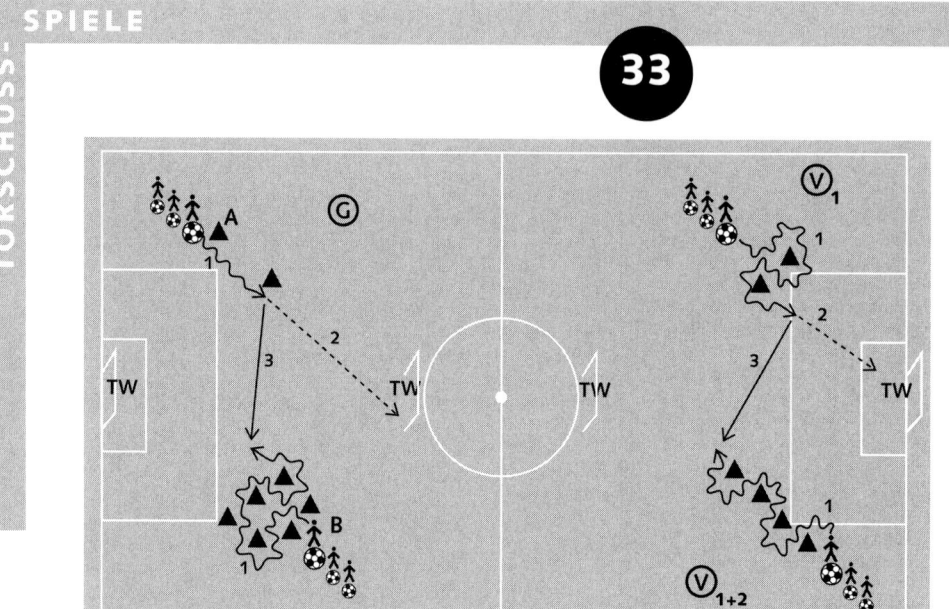

GERÄTE: Ein tragbares Tor ● Pro Spieler ein Ball ● 6–8 Hütchen

TRAININGSORGANISATION: Mit einem beweglichen Tor wird das Spielfeld auf ungefähr 35 Meter verkleinert. Kurz vor der (gedachten) Mitte zwischen beiden Toren werden an den Seiten Hütchen erstellt. Während auf der einen Seite zwei Pylonen im Abstand von zirka 5 Metern diagonal zum bespielenden Tor weisen, ist auf der Gegenseite ein unregelmäßiger Slalomparcours in Richtung des anderen Tores ausgerichtet. Die Tore werden von Torhütern besetzt. Die Trainierenden teilen sich in zwei Gruppen und reihen sich hinter den beiden verschieden angeordneten Hütchen auf. Jeder Spieler verfügt über einen Ball.

ABLAUF DER ÜBUNG/DES SPIELS: Die jeweiligen Gruppenersten beginnen gleichzeitig. Aufgabe des Spielers A an den zwei diagonal angeordneten Hütchen ist es, nach einem Kurzdribbling über die abgesteckten fünf Meter einen Schuss im zugeordneten Tor zu platzieren. Unmittelbar darauf gilt es, auf die Gegenseite zu sprinten und dort den durch den Hütchendschungel dribbelnden Spieler B am Torschuss zu hindern. Im Falle einer Balleroberung heiße es dann sofort auf Angriff umzuschalten.

Anmerkung: Durch die entsprechende Vorgabe der zu umspielenden Hütchen verfügt man über ein gutes Regulativ, die Zweikämpfe zu beeinflussen. Fordert man z. B. nur drei zu umspielende Hindernisse, wird der Schwerpunkt dieser Übung mehr auf den Torschuss unter Zeitdruck verlagert. Gilt es aber 4–5 Hütchen zu umkurven, verlagert sich der Übungsschwerpunkt hin zum zweikampfbetonteren 1:1, weil der störende Spieler seinen Widerpart nicht nur «jagen», sondern auch ablaufen und damit stellen kam.

VARIATION:

❶ Die zwei diagonal ausgerichteten Hütchen werden durch ein 1,5 Meter breites Hütchentor ersetzt. Dieses ist in Form eines liegenden «S» zu umdribbeln, bevor es den anderen Spieler am Hütchendschungel zu attackieren gilt. (Vgl. Abb.)

❷ Anstatt des Hütchendschungels wird ein regelmäßiger Slalomparcours erstellt. (Vgl. Abb.)

34

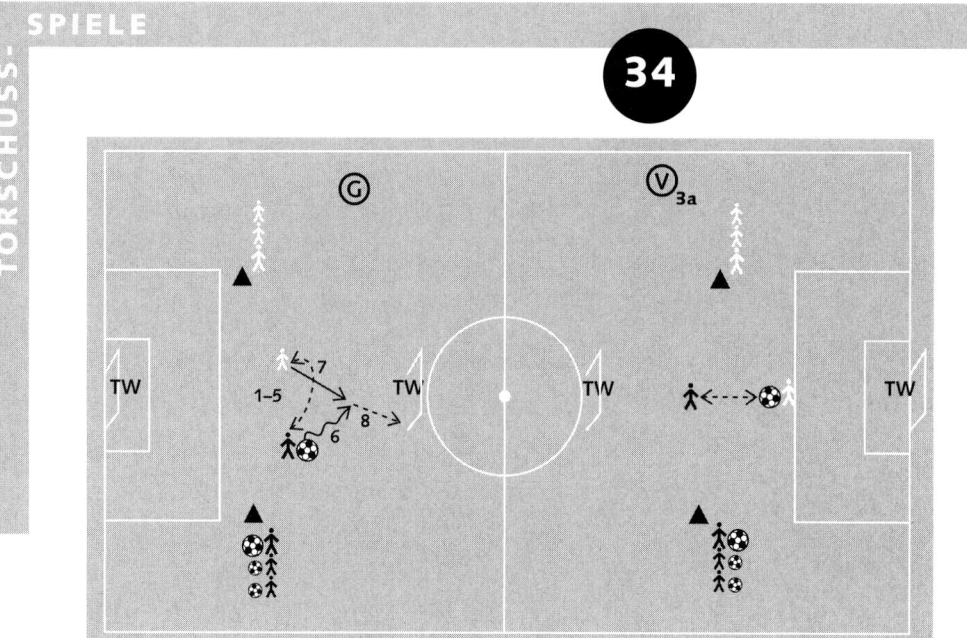

GERÄTE: Ein tragbares Tor ● Partnerweise ein Ball ● 2 Hütchen

TRAININGSORGANISATION: Ein bewegliches Tor, gegenüber dem Normaltor erstellt, verkürzt das Spielfeld auf 40 Meter. Die Trainingsteilnehmer organisieren sich in zwei Gruppen und stellen sich hinter den beiden auf Höhe der Spielfeldmitte angebrachten Hütchen auf. Die beiden ersten Spieler jeder Gruppe rücken ins Spielfeld ein und stehen sich dort quer zum Spielfeld mit einem Ball ausgestattet etwa 3–6 Meter gegenüber.

ABLAUF DER ÜBUNG/DES SPIELS: Der ballbesitzende Spieler wirft seinem Gegenüber den Ball zum Kopfball zu. Daraufhin köpfen sich die beiden Akteure den Ball zu, bis der Trainer nach zirka 4–6 Wiederholungen ein akustisches Signal erteilt. Dieses Zeichen veranlasst den in diesem Moment an den Ball kommenden Spieler zu einer blitzschnellen Ballkontrolle und dem Versuch, gegen den Widerstand des nachsetzenden Partners ein Tor zu erzielen. Das jeweils zu bespielende Tor wird für die Gruppen zuvor festgelegt.

VARIATION:

❶ Das zu bespielende Tor wird nicht festgelegt, folglich darf man beide Tore bespielen.

❷ Die sich zuköpfenden Spieler stehen nicht quer, sondern längs zur Spielrichtung. Somit hat jeder Akteur sein Angriffstor im Visier.

❸ Die Spieler passen sich die Bälle (flach) im direkten Spiel zu. Die Positionen können dabei wie oben a) längs oder b) quer zur Spielrichtung ausgerichtet sein. (Vgl. Abb.)

❹ Der Ball wird bei maximal 3–4 Kontakten in jonglierender Weise zwischen den a) quer oder b) längs postierten Partnern zugespielt.

35

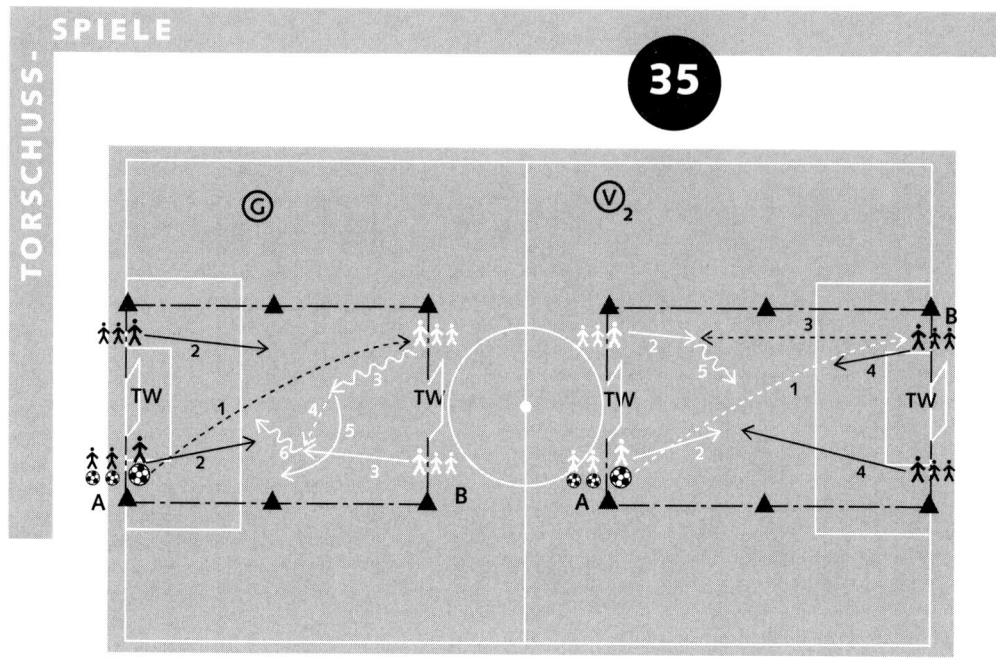

GERÄTE: Ein tragbares Tor ● Pro Vierergruppe ein Ball ● 10 Hütchen ● 6–8 Trikots

TRAININGSORGANISATION: Ein Spielfeld von etwas mehr als doppelter Strafraumgröße wird durch ein tragbares Tor begrenzt. Beide Tore werden durch Torhüter besetzt. Die Spieler teilen sich in zwei Gruppen auf, um sich hinter den beiden Toren partnerweise 4 Meter links bzw. rechts der Torpfosten aufzustellen. Beim ersten Spieldurchgang sind alle Spielpaare der Gruppe A in Ballbesitz.

ABLAUF DER ÜBUNG/DES SPIELS: Der ballbesitzende Spieler des ersten Zweierteams A spielt einen diagonalen Flugball auf den Spieler des ersten Paares der Gruppe B. Diesem Pass folgend, rücken beide Spieler der Mannschaft A als Abwehrspieler ins Feld ein. Der den Ball annehmende Spieler startet gleichzeitig mit der Unterstützung seines Mitspielers zum Angriff 2:2 auf das gegenüberliegende Tor. Bei Balleroberung durch die Partei A kommt es postwendend zum Gegenangriff. Im darauf folgenden Durchgang tauschen die Spielpaare ihre Rollen.

VARIATION:

❶ Der Torhüter von Partei A eröffnet das Spiel per Abwurf zu Team B.

❷ Nach dem Pass durch Gruppe A erfolgt ein Rückpass durch Team B, wodurch Mannschaft B als Abwehrpartei fungiert. (Vgl. Abb.)

❸ Ein Spieler von Partei A (oder auch beide Spieler etwas zeitversetzt) gibt (geben) erst einen Schuss auf das Tor von B ab. Anschließend startet Team B einen Angriff gegen A.

36

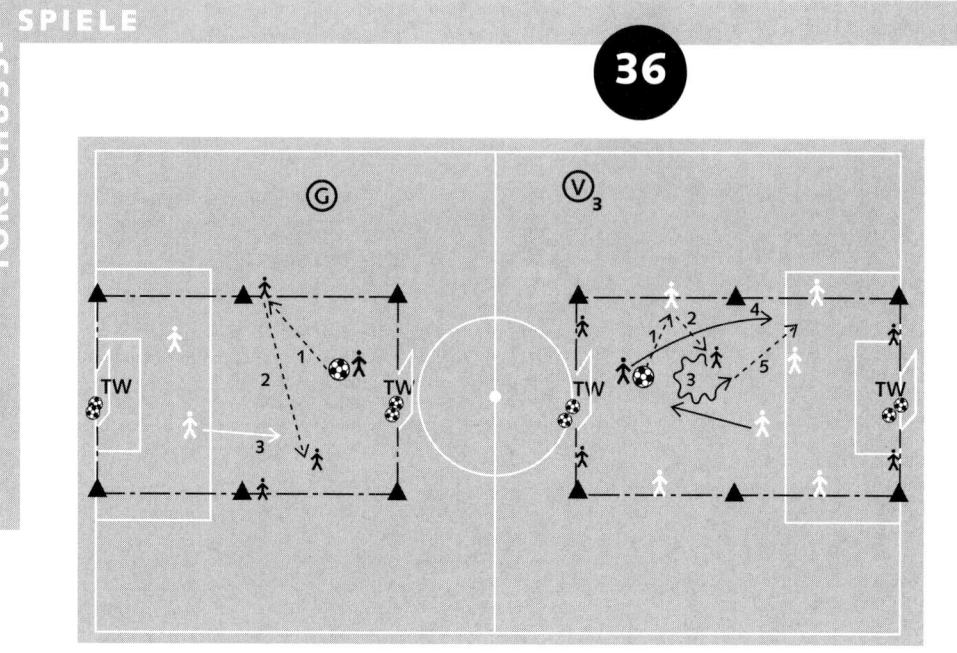

GERÄTE: Ein tragbares Tor ● 1 Ball plus Ersatzbälle in den Toren ● 2–4 Trikots ● 6 Hütchen

TRAININGSORGANISATION: Ein tragbares Tor, das in einer Entfernung von 30–35 Metern zum fest installierten Tor erstellt ist, begrenzt das Spielfeld in seiner Länge. Mit Hilfe von sechs Hütchen wird das Feld auf ungefähr 25 Meter verschmälert. An den beiden mittleren Hütchen ist jeweils ein Spieler postiert, zwei farblich kenntlich gemachte Spielerpaare befinden sich im Spielfeld.

ABLAUF DER ÜBUNG/DES SPIELS: Die vier sich im Spielfeld gegenüberstehenden Akteure spielen im 2:2 unter Einbeziehung beider seitlich postierter Zuspieler auf Torerfolg. Die Torhüter bringen die Bälle nach Toren, gehaltenen Schüssen oder Fehlschüssen schnellstens ins Spiel zurück. Ein Spieldurchgang dauert 90 Sekunden, die Pausen betragen 2–3 Minuten. Die Spielzeit kann auf 2–3 Minuten erhöht werden, wenn die Spielregel einen fliegenden Wechsel mit dem gleichfarbigen Zuspieler nach Pass bzw. Ballübergabe zulässt.

VARIATION:

❶ Spiel 2+2:2+2. Dabei ist von den zwei möglichen Anspielpartnern je einer auf einer Seite postiert. In Turnierform organisiert beträgt die Spieldauer 1,5 Minuten, im stetigen Wechsel mit den gleichfarbigen Zuspielern kann sie zwischen 3–4 Minuten betragen.

❷ Den 2:2 spielenden Teams stehen sechs in zwei Trikotfarben gehaltene Anspieler als Wand- bzw. Überzahlspieler zur Verfügung. Auch hier ist ein fliegender Wechsel zwischen Anspielern und Akteuren im Feld sinnvoll.

❸ Im 2:2 plus acht durch zwei Farben kenntlich gemachte Anspieler kann man a) mit allen Zuspielern spielen, b) nur mit den gleichfarbigen Wandspielern kooperieren und c) auch im fliegenden Wechsel agieren. (Vgl. Abb.)

37

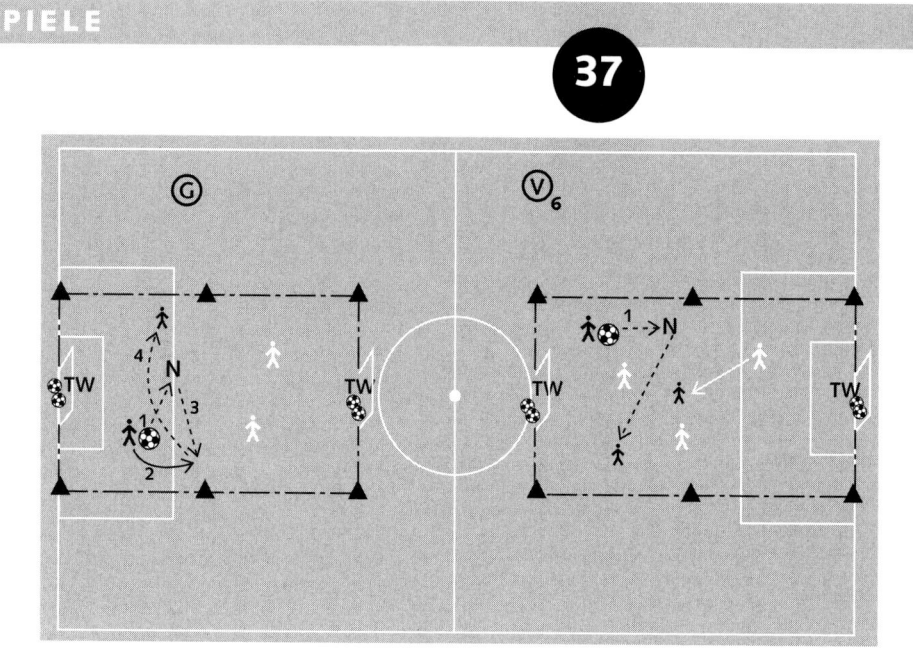

GERÄTE: Ein tragbares Tor ● 1 Ball plus Ersatzbälle in den Toren ● 6 Hütchen ● 3 Trikots

TRAININGSORGANISATION: Das Spielfeld wird mit Hilfe von sechs Hütchen und eines tragbaren Tores auf eine Länge von 35 Metern und eine Breite von etwa 25 Metern verkleinert. Die Torhüter stellen sich in ihren Toren auf. Fünf im Spielfeld befindliche Spieler formieren sich zum Spiel 2:2 plus ein neutraler Mitspieler. In den Toren liegen ausreichend Ersatzbälle bereit.

ABLAUF DER ÜBUNG/DES SPIELS: Die beiden ballbesitzenden Akteure spielen mit der Unterstützung des neutralen Mitspielers gegen die beiden anderen Spieler auf Torerfolg. Nach Toren, Torabschlüssen oder Balleroberung durch die abwehrende Mannschaft wechselt die Zugehörigkeit des Neutralen. Die Torhüter sind angewiesen, das Spiel durch schnelle Abwürfe in einem hohen Tempo zu halten. Die Spielzeit beläuft sich auf 1–2 Minuten, die aktiv gehaltenen Pausen betragen zwischen 2 und 3 Minuten. Mit jedem neuen Spieldurchgang übernimmt ein anderer Spieler die Rolle des Neutralen.

VARIATION:

❶ Das Überzahlteam spielt mit begrenzten Ballkontakten.

❷ Der Neutrale spielt im direkten Spiel.

❸ Der neutrale Spieler darf keine Tore erzielen.

❹ Um das Spielfeld stehen vier weitere farblich gekennzeichnete Spieler. Sie dienen als zusätzliche neutrale Anspieler, mit denen der jeweils gleichfarbige Spieler nach Ballübergabe oder Pass wechseln kann. Diese Spielform wird mit 2 (3) Kontakten gespielt.

❺ Spiel 2:2 plus 2 Neutrale. Die Überzahlmannschaft spielt mit zwei Kontakten.

❻ 3:3 plus 1 Neutraler (2 Neutrale). (Vgl. Abb.)

38

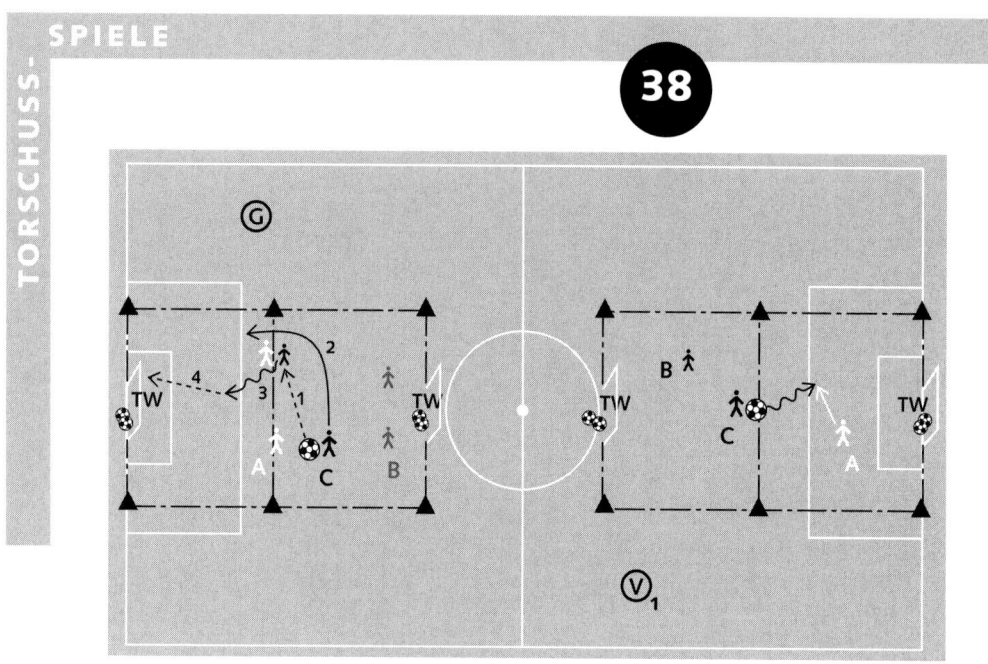

GERÄTE: Ein tragbares Tor ● Ein Ball plus Ersatzbälle in den Toren ● 6 Hütchen ● 4 Trikots

TRAININGSORGANISATION: Ein tragbares Tor, das ungefähr 40 Meter vom Normaltor entfernt aufgestellt ist, begrenzt das auf Strafraumbreite reduzierte Spielfeld. Die Torhüter beziehen Position in ihren Toren. Sechs Spieler teilen sich in drei ausgewogene Zweierteams auf. Dabei ist Mannschaft A in gelben Trikots vor dem fest installierten Tor postiert, Team B baut sich, mit roten Leibchen kenntlich gemacht, vor dem tragbaren Tor auf, und Gruppe C stellt sich zwischen den beiden anderen Spielpaaren auf.

ABLAUF DER ÜBUNG/DES SPIELS: Die Spieleröffnung erfolgt durch das mittlere Team C gegen Partei A. Nach einem Torabschluss bzw. Ballverlust von C trifft dann Mannschaft A auf Gruppe B. In dieser Zeit verbleibt das Paar C vor dem Normaltor und erwartet nun die beiden Spieler von B. Ziel aller Teams ist es, möglichst schnell zum Torabschluss zu gelangen. Die Torhüter sind angehalten, die Bälle schnellstmöglich ins Spiel zu bringen.

Anmerkung: Diese Spielform bietet sich besonders gut zur Gestaltung eines Stationsbetriebs an.

VARIATION:
❶ 1:1:1 im verschmälerten Feld. (Vgl. Abb.)
❷ 3:3:3 im adäquat vergrößerten Spielfeld.
❸ 4:4:4 im entsprechend größeren Feld. (Durch die größeren Gruppen, längeren Pausen und den vergrößerten Spielraum eignet sich diese Spielform auch zur Gestaltung eines Trainings mit eher regenerativem Charakter.)

39

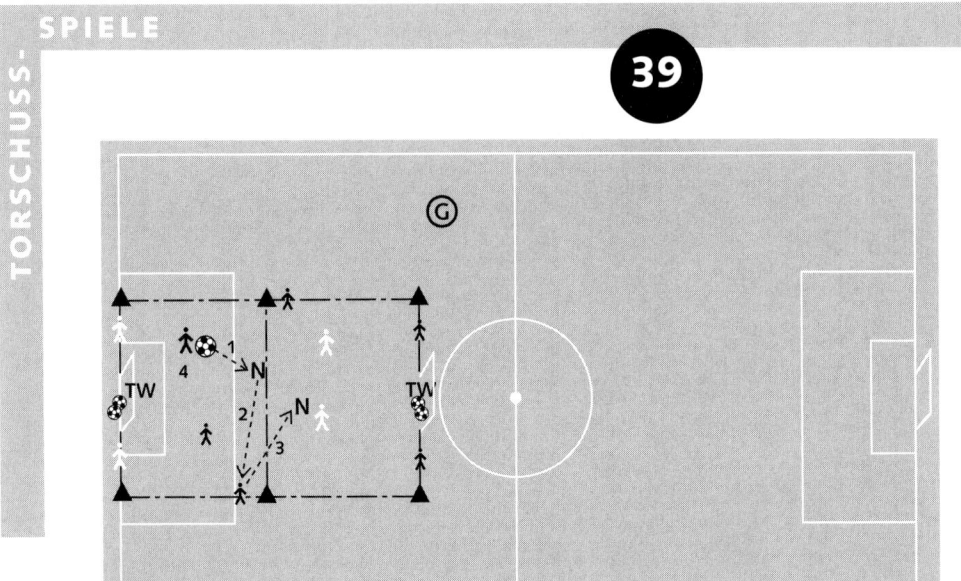

GERÄTE: Ein tragbares Tor ● 1 Ball plus Ersatzbälle in den Toren ● 6 Hütchen ● 8 Trikots

TRAININGSORGANISATION: Ein 20×30 Meter großes Spielfeld wird von zwei Toren begrenzt, die von Torhütern besetzt sind. 6 Hütchen kennzeichnen das Feld. 12 Spieler gruppieren sich zu 6 Spielpaaren. 3 Paare davon umsäumen das Spielfeld, wie aus der Skizze zu entnehmen ist. Drei weitere farblich gekennzeichnete Zweierteams nehmen im Spielfeld Aufstellung. In den Toren liegen Ersatzbälle parat.

ABLAUF DER ÜBUNG/DES SPIELS: Die im Spielfeld postierten Zweiermannschaften treffen im 2:2 plus 2 Neutrale aufeinander. Die Neutralen spielen dabei stets bei der ballbesitzenden Partei mit, spielen allerdings nur direkt (mit zwei Ballkontakten). Tore dürfen von allen Spielern erzielt werden. Überdies stehen die um das Spielfeld postierten Akteure als direkt spielende Anspielstationen zur Verfügung. Nach jedem zweiminütigen Durchgang tauschen die am Spielfeldrand stehenden Wandspieler komplett mit den Gruppen im Feld. Bei jedem Spieldurchgang wechseln die Neutralen.

VARIATION:

❶ Die Neutralen dürfen keine Torschüsse anbringen.

❷ Nur die Neutralen dürfen Tore erzielen, die 2:2 Spielenden sind damit ausschließlich Vorbereiter und Wandspieler.

40

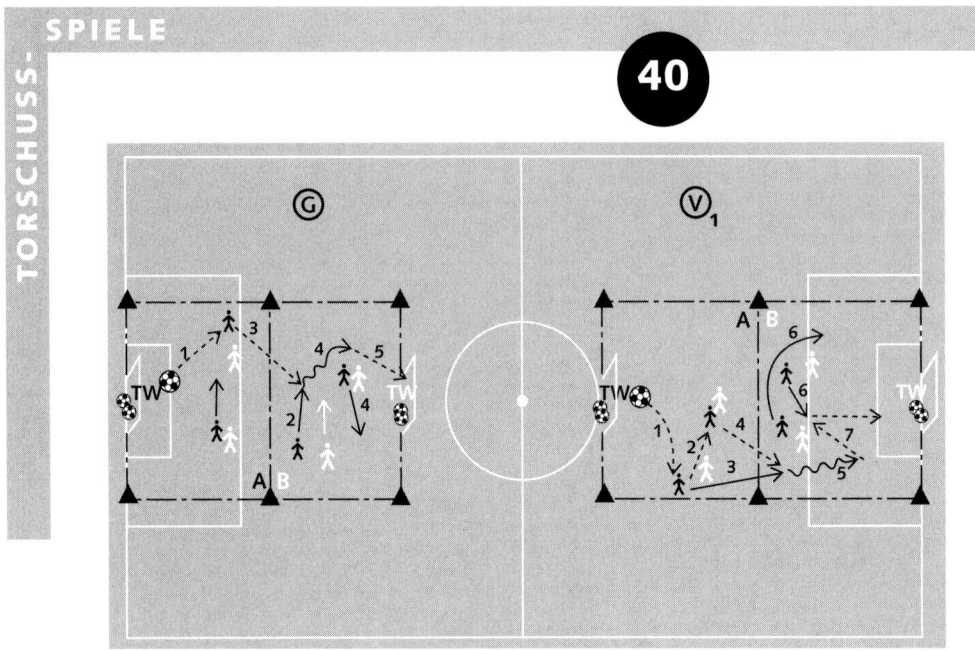

GERÄTE: Ein tragbares Tor ● 1 Ball plus Ersatzbälle in den Toren ● 6 Hütchen ● 4 Trikots

TRAININGSORGANISATION: Das Spielfeld wird mit Hilfe eines tragbaren Tores auf etwas mehr als die doppelte Strafraumgröße begrenzt. Die Tore sind von den Torhütern besetzt. Das Spielfeld wird geteilt, die Mittellinie wird zusätzlich durch zwei Hütchen kenntlich gemacht. In jeder Spielfeldhälfte treten 4 Spieler im 2:2 gegeneinander an. In den Toren liegen genügend Ersatzbälle bereit.

ABLAUF DER ÜBUNG/DES SPIELS: Die durch den Torhüter ins Spiel gebrachten Abwehrspieler der Seite A spielen die in der anderen Spielfeldhälfte B gleichfarbigen Angreifer an. Dort versuchen diese beiden Offensivspieler, gegen den Widerstand der zwei Gegenspieler ein Tor zu erzielen. Dabei sind auch Rückpässe zu den Abwehrspielern zulässig. Nach einer Balleroberung bzw. Torabschlüssen und Fehlschüssen geht das Spiel in Richtung des anderen Tores weiter. Alle Spieler sind dabei angehalten, in ihrem zugewiesenen Feld zu bleiben. Die Spielzeit beträgt 3 Minuten. Im anschließenden Durchgang werden die Abwehrspieler zu Angreifern.

Anmerkung: Nur durch intensives Spiel ohne Ball kommt hier Spielfluss auf!

VARIATION:

❶ Ein Abwehrspieler (Passgeber) darf in das andere Feld nachrücken. Das Überzahlteam spielt dann jedoch mit 3 Ballkontakten. *Anmerkung:* Diese Spielform gewährt einen besseren Spielfluss, es fallen mehr Tore. (Vgl. Abb.)

❷ Ein Angreifer darf sich (ohne vom Gegenspieler verfolgt zu werden) einen Ball in der Abwehrhälfte erlaufen.

❸ Spiel 3:3 pro Spielfeldhälfte in einem nach dem technischen Vermögen ausgelegten (vergrößerten) Spielfeld.

❹ Kooperierendes Spiel eines Dreierteams im (größeren) Feld A mit einer Zweiermannschaft vom kleineren/gleich großen Feld B (3:3 bzw. 2:2).

❺ Spiel 1:1 im Feld A, gepaart mit einer 2:2(3:3)-Formation in Hälfte B.

41

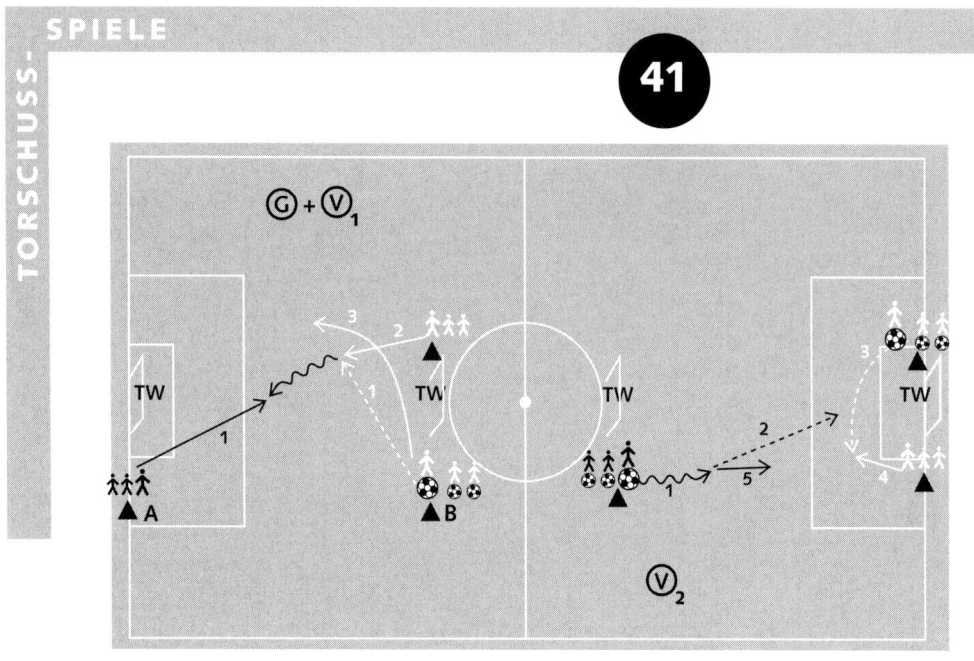

GERÄTE : Ein tragbares Tor ● 1–2 Bälle pro Aktion ● 3 Hütchen ● X-Trikots für X-Zweierteams

TRAININGSORGANISATION : Das Spielfeld wird durch ein tragbares Tor auf etwa 25–30 Meter reduziert. Während sich hinter der Markierung seitlich von Tor A die Spieler einzeln aufreihen, organisieren sich hinter den Hütchen neben Tor B die Akteure partnerweise. Die Tore sind von Torhütern belegt. Die Zweierteams sind in Ballbesitz.

ABLAUF DER ÜBUNG/DES SPIELS : Die in Ballbesitz befindlichen Paare spielen (unter Berücksichtigung der Abseitsregel) gegen den sich von der gegenüberliegenden Grundlinie lösenden Spieler auf schnellen Torabschluss. Kommt der abwehrende Spieler in Besitz des Balles, setzt er sofort zum Konter an. Nach einer vorgegebenen Anzahl von Angriffen wechseln die Einzelspieler in die Zweierteams.

VARIATION :
❶ Der ballbesitzende Spieler A der Zweiermannschaft erhält die Vorgabe nach dem Auftaktpass im Rücken des nun diagonal dribbelnden Partners B zu kreuzen. Anschließend ist das Spiel frei. (Vgl. Abb.)
❷ Nicht nur das Zweierteam ist in Ballbesitz, sondern auch der Einzelspieler. Jetzt wird die Spielform eröffnet, indem der Einzelspieler nach einem kurzen Dribbling einen Torschuss am anderen Tor B anbringt, um daraufhin gegen die dann beiden angreifenden Spielpartner auf Abwehr umzuschalten (2:1 nach Torschuss des Abwehrspielers). (Vgl. Abb.)
❸ Nur der Einzelspieler ist in Ballbesitz. Er dribbelt auf die gestaffelt entgegenkommenden Gegenspieler zu, um sich im Zweikampf durchzusetzen und einen Torschuss anzubringen (1:2).
❹ Der Einzelspieler eröffnet die Aktion wieder per Torschuss. Im Anschluss daran wendet sich der Einzelspieler seinem im Rücken postierten Torwart zu, von dem er einen Ball zugeworfen bekommt. Mit dem Abwurf durch den Torhüter verlässt das Zweierteam die Grundlinie und attackiert den ballannehmenden Solisten (1:2 nach Torschuss des Einzelspielers).

42

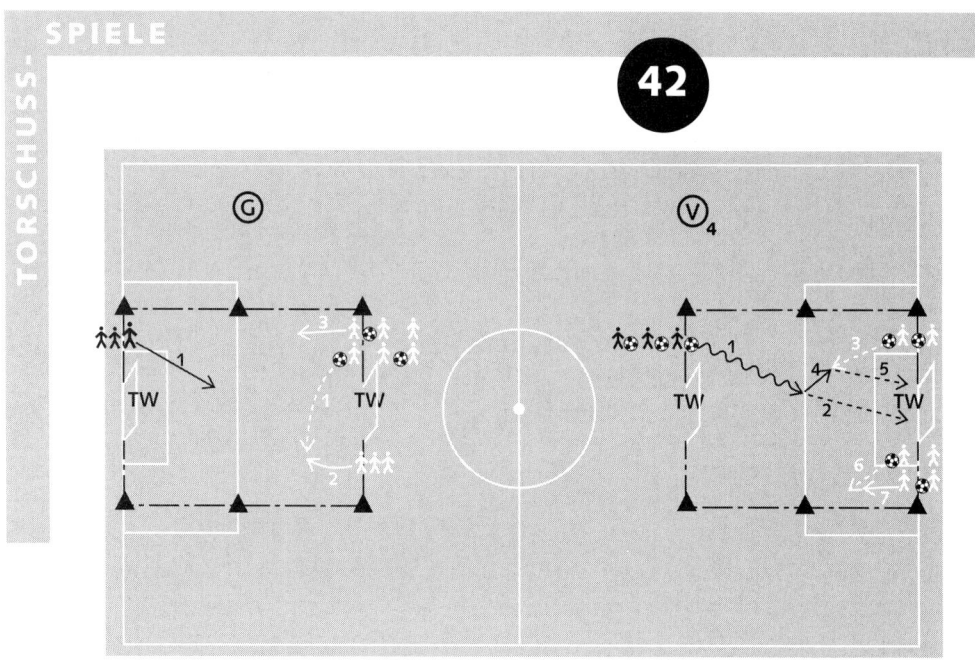

GERÄTE: Ein tragbares Tor ● Pro 3:1 spielende Vierergruppe 1–3 Bälle ● 6 Hütchen ● X-Trikots für X-Dreierteams

TRAININGSORGANISATION: Mittels eines beweglichen Tores wird das Spielfeld auf etwa 35–40 Meter verkürzt. 6 Hütchen an den Seiten verschmälern das Feld auf 20–25 Meter. In den Toren haben die Torhüter Position bezogen. Die Trainingsteilnehmer gruppieren sich jeweils zu viert, um sich dann (intern wechselnd) im Verhältnis 3:1 an den beiden Toren aufzustellen. Jede Dreiergruppe ist mit einem Ball ausgestattet.

ABLAUF DER ÜBUNG/DES SPIELS: Die ballbesitzende Dreiermannschaft bespielt gegen den Widerstand des entgegenkommenden Einzelspielers das gegenüberliegende Tor bei nur a) drei Kontakten, b) zwei Berührungen oder c) im direkten Spiel (unter Berücksichtigung der Abseitsregel). Bei Ballgewinn durch den Einzelspieler leitet er sofort einen Gegenangriff ein.

VARIATION:

❶ Die räumliche Anordnung des Dreierteams erfolgt dergestalt, dass einer der drei Akteure ausschließlich über den Flügel kommen darf. So entsteht in der Mitte eine 2:1-Situation. Durch den Pass nach außen wird das Spiel geöffnet und betont über die Flügel vorgetragen.

❷ (Evtl. Kombination mit Variation 1) Nach dem Pass zum Auftakt muss ein Hinterlaufen erfolgen.

❸ Vor dem Angriff der Dreiergruppe darf der Einzelspieler zuerst einen Schuss auf das gegenüberliegende Tor abgeben.

❹ Vgl. Variation 3. Nach dem ersten Schuss des Einzelnen bekommt dieser von einem Spieler der Dreiermannschaft erneut einen Ball von der Grundlinie zugepasst, den er direkt verwerten muss. Anschließend verteidigt er sein Tor gegen die nun angreifenden Dreier. (Vgl. Abb.)

❺ Der Einzelspieler dribbelt gegen die drei ihn angreifenden Gegenspieler.

❻ Der Einzelne nimmt nach einem Dribbling mit Torabschluss einen Pass seines im Rücken befindlichen Torwarts an. Dies ist das Signal für die Dreiergruppe, ihn zu attackieren.

43

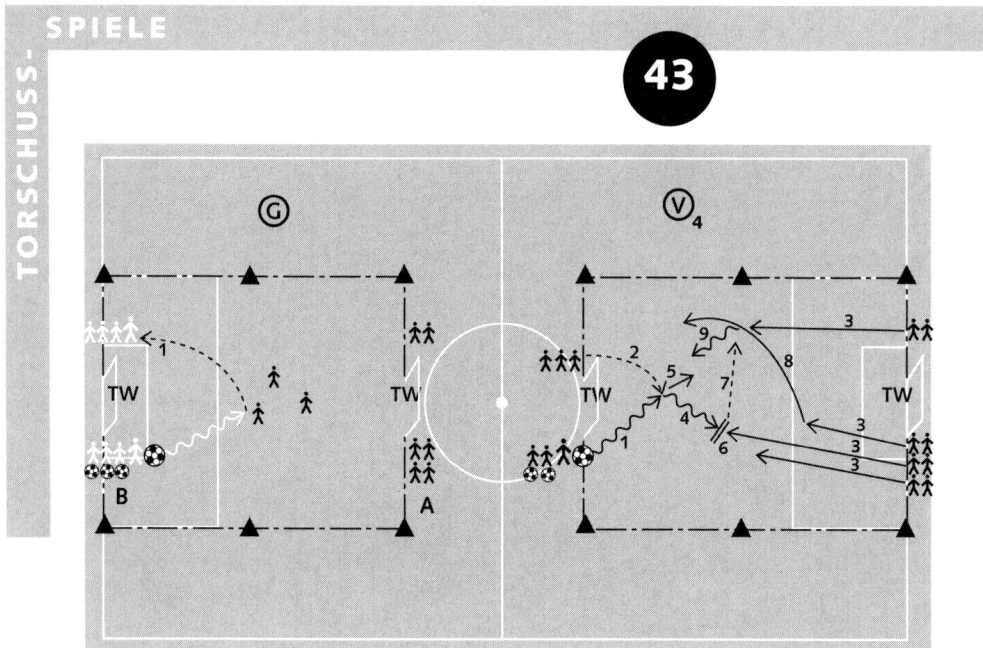

G E R Ä T E : Ein tragbares Tor ⚫ Pro Spielerpaar ein Ball ⚫ 6 Hütchen ⚫ 8 Trikots

T R A I N I N G S O R G A N I S A T I O N : Das Spielfeld, durch 6 Hütchen kenntlich gemacht, ist 40–45 Meter lang und auf Strafraumbreite reduziert. Beide Tore sind von Torhütern besetzt. Die Trainingsteilnehmer organisieren sich in Zweier- und Dreierteams. Während die Dreiermannschaften hinter Tor A Aufstellung nehmen, stellen sich die in Ballbesitz befindlichen Zweierteams am gegenüberliegenden Tor B auf.

A B L A U F   D E R   Ü B U N G / D E S   S P I E L S : Das erste Spielerpaar der Gruppe B ist in Ballbesitz. Es startet einen Angriff (bei freiem Spiel) gegen den Widerstand der sich von der gegenüberliegenden Torauslinie lösenden Dreiergruppe. Kommt Partei B zum Torabschluss, verlassen beide Teams das Spielfeld, und es folgt ein neuer Angriff des nächsten Zweierteams gegen die nachfolgende Dreierpartei. Bei Balleroberung durch das Dreierteam spielt es nach blitzschnellem Umschalten selbst auf Torerfolg. Auch hier endet die Partie mit dem Torabschluss. Die Zweier- bzw. Dreierteams wechseln in vorgegebenen Abständen die Aufgaben.

V A R I A T I O N :

❶ Die Dreiermannschaften beginnen das Spiel mit Ballbesitz.

❷ Das Dreierteam spielt mit nur drei Ballkontakten.

❸ Beide Spieler des Zweierteams sind in Ballbesitz. Sie geben etwas zeitversetzt einen Schuss auf das Tor B ab, bevor die Dreier einen Angriff gegen die beiden starten dürfen.

❹ Das Spiel wird im 2:4 organisiert. Dabei attackieren die Viererteams die angreifenden Paare etwa kurz vor der Mittellinie nur zu dritt. Der vierte Spieler hält sich (ohne Abwehraufgabe) auf dem Flügel auf und muss im Falle der Balleroberung angespielt werden (bewusste Spielverlagerung). (Vgl. Abb.)

44

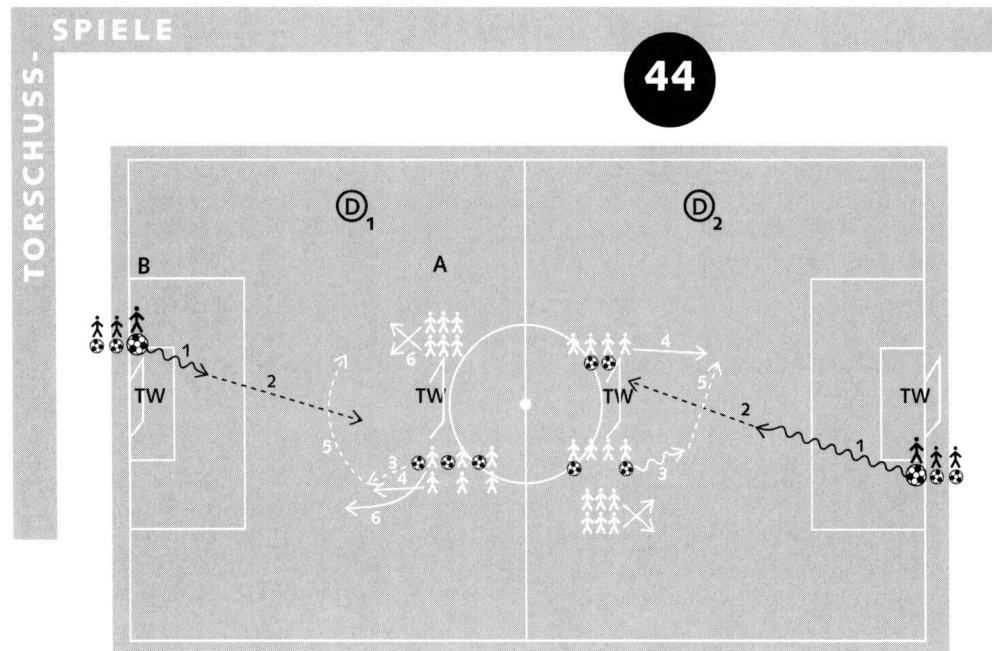

GERÄTE: Ein tragbares Tor ● 6–10 Bälle ● X-Trikots für X-Viererteams

TRAININGSORGNISATION: Zwei Tore sind in einer Entfernung von 30–35 Metern aufgebaut und von Torhütern besetzt. Die in Vierergruppen gruppierten und durch Trikots kenntlich gemachten Spieler stellen sich, mit je einem Ball pro Team, neben Tor A auf. Die Einzelspieler befinden sich, ebenfalls mit Ball ausgestattet, hinter Tor B. Sie wechseln nach jedem Angriff in das Viererteam.
Anmerkung: Jeder hier angeführte Spieldurchgang für sich stellt eine in sich abgeschlossene Spielform dar. Folglich kann jede Spielform a) einzeln von Training zu Training fortgesetzt verwendet werden oder b), innerhalb einer Trainingseinheit nacheinander absolviert, als Spielreihe zur Anwendung gelangen. Diese exemplarisch angeführte Spielreihe ist auf jede andere Mannschaftsgröße übertragbar. Es bietet sich auch an, anstatt wie hier die Mannschaftsgröße von Durchgang zu Durchgang zu reduzieren bzw. zu erweitern (z. B. 4:1 – 4:2 – 4:3 – …).

ABLAUF DER ÜBUNG/DES SPIELS:
1. Durchgang: Die Spieleröffnung erfolgt durch den ersten Einzelspieler, der ein Dribbling zum anderen Tor mit einem Torschuss abschließt. Unmittelbar im Anschluss daran startet das 1. Viererteam einen Angriff im direkten Spiel (2 Kontakte) gegen den angreifenden Einzelspieler auf das gegenüberliegende Tor. Nach dem Torabschluss beginnt ein neuer Angriff des nächsten Einzelspielers. (Vgl. Abb.)
2. Durchgang: Im folgenden Durchgang stehen dem Einzelspieler nur noch 3 Angreifer gegenüber, das heißt, es kommt nach dem Torschuss des Abwehrspielers zum Spiel 1:3. Die Dreiergruppe spielt mit 2 (3) Kontakten. (Vgl. Abb.)
3. Durchgang: Abschließend wird im 1:2 gespielt. Die zwei Angreifer spielen jetzt (unter Berücksichtigung der Abseitsregel) im freien Spiel ohne Begrenzung der Ballkontakte.
Anmerkung: Die durch die Verkleinerung der Teams bedingten überzähligen Spieler bilden wieder neue Mannschaften.

Diese Spielreihe kann man auch quasi als «Pyramide» mit Ab- und Aufbau der Spieleranzahl spielen (von 1:4 nach 1:3 und 1:2 wieder zu 1:3 und 1:4).

45

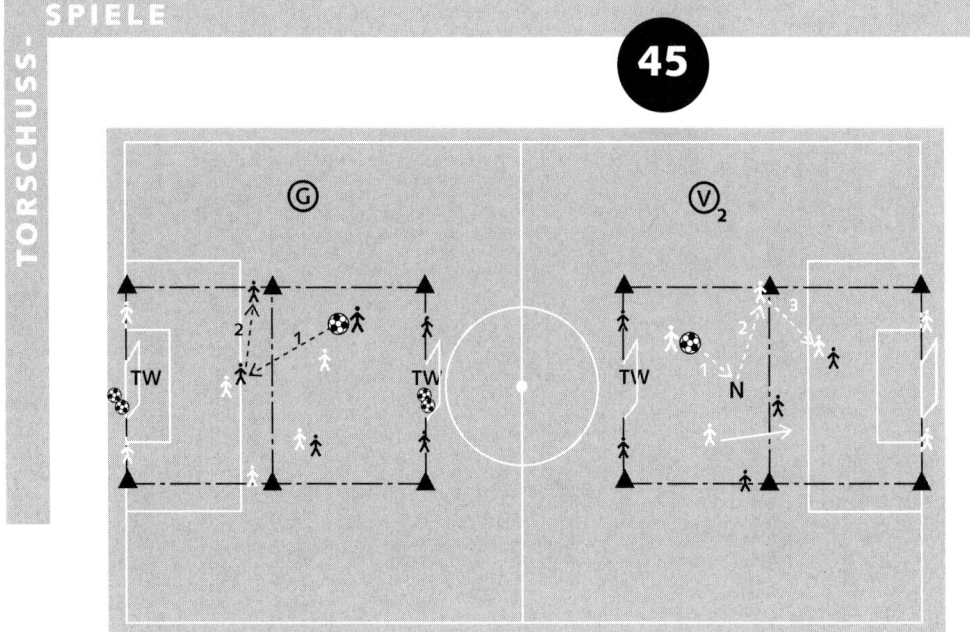

G E R Ä T E : Ein tragbares Tor ● Ein Ball und Ersatzbälle in den Toren ● 6 Hütchen ● 6 Trikots

T R A I N I N G S O R G A N I S A T I O N : Ein 20×35 Meter großes Spielfeld wird durch 2 Tore und 6 Hütchen begrenzt. Die Torhüter halten sich in den Toren bereit. In den Toren liegen genügend Ersatzbälle parat. 12 Spieler teilen sich in 4 Dreierteams auf, wobei je zwei Teams dieselbe Trikotfarbe tragen. Von zwei verschiedenfarbigen Dreierteams postieren sich je 2 Spieler auf den beiden Torauslinien, der jeweils dritte Mitspieler steht an der Seitenbegrenzung auf Höhe der Mitte. Die beiden anderen Dreiergruppen stehen sich im Spielfeld gegenüber.

A B L A U F   D E R   Ü B U N G / D E S   S P I E L S : Die im 3:3 aufeinander treffenden Akteure spielen mit Hilfe aller 6 direkt spielenden Anspieler im freien Spiel auf Torerfolg. Jeder Angriff soll dabei innerhalb von 20 Sekunden abgeschlossen sein. Das Spiel läuft für etwa 4–5 Minuten ohne Pause, weil jeder Spieler nach einer Ballübergabe oder einem Pass mit einem gleichfarbigen Anspieler an der Seite wechseln kann. Weitere Durchgänge sind im Anschluss an aktiv gestaltete Pausen von etwa drei Minuten möglich.

V A R I A T I O N :

❶ Das Spiel erfolgt mit nur drei Ballkontakten (anspruchsvollere Form).
❷ 3:3 + 1 Neutraler + 6 Anspieler an den Seiten. (Vgl. Abb.)
❸ 3:3 + 2 Neutrale + 6 Anspieler an den Seiten bei 3 (2) Kontakten.

46

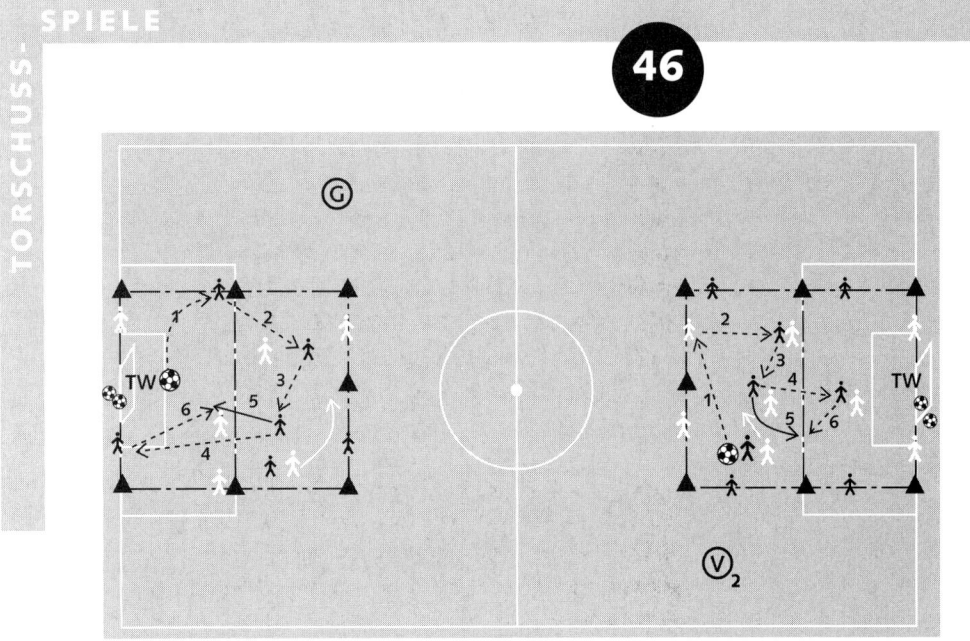

G E R Ä T E : Ein tragbares Tor ● 1 Ball und Ersatzbälle im Tor ● 2×3 verschieden-farbige Trikots ● 7 Hütchen

T R A I N I N G S O R G A N I S A T I O N : Ein Torhüter stellt sich ins Tor. Das mit 5 Hütchen gekennzeichnete Spielfeld umfasst den um etwa 10 Meter vergrößerten Strafraum (40×25 Meter). Zwölf Spieler organisieren sich in vier ausgeglichenen Dreierteams. Zwei dieser Dreiermannschaften umstellen den Strafraum so, wie aus der Zeichnung zu entnehmen ist. Die beiden anderen Dreiergruppen stehen sich innerhalb des Sechzehnmeterraumes gegenüber.

A B L A U F D E R Ü B U N G / D E S S P I E L S : Unter Einbeziehung der 6 Anspieler um den Strafraum spielen die im 3:3 aufeinander treffenden Akteure auf schnellstmöglichen Torabschluss im freien Spiel. Die Anspieler spielen direkt, sie dürfen sich auch untereinander anspielen. Das Spiel wird jeweils durch einen Torwartabwurf auf einen der sechs Zuspieler in Gang gebracht, der dann seinen gleichfarbigen Mitspieler in Szene setzt. Tore nach Direktabnahmen zählen doppelt. Nach zwei Minuten erfolgt der Aufgabenwechsel.

V A R I A T I O N :

❶ Nach einer Balleroberung muss der Ball erst zu einem Anspieler gepasst werden, bevor ein Tor erzielt werden darf.

❷ 4:4 bei 8 Anspielern um den doppelten Straftraum. (Vgl. Abb.)

❸ 2:2 mit 4 oder 8 Zuspielern im Strafraum.

47

GERÄTE: Ein tragbares Tor ● 1 Ball und Ersatzbälle in den Toren ● 6 Hütchen ● 4 oder 8 Trikots

TRAININGSORGANISATION: Ein 40 Meter langes und auf Strafraumbreite reduziertes Spielfeld wird durch zwei Tore begrenzt. Die Tore sind von Torhütern besetzt. 16 Spieler teilen sich in vier spielerisch ausgewogene Viererteams auf. Während sich zwei Vierergruppen paarweise auf die vier Spielfeldseiten verteilen, um so als Anspieler zu fungieren, treffen im Feld die beiden anderen Vierermannschaften im 4:4 aufeinander.

ABLAUF DER ÜBUNG/DES SPIELS: Die beiden 4:4 spielenden Teams spielen im freien Spiel unter Einbezug der acht direkt (mit zwei Kontakten) spielenden Anspieler am Spielfeldrand auf schnellstmöglichen Torabschluss. Erfolgreiche Torabschlüsse nach Rückpässen durch einen der auf der Grundlinie stehenden Wandspieler zählen dabei doppelt. Die Torhuter sind bestrebt, die Balle immer wieder schnell ins Spiel zu bringen. Ein Spieldurchgang dauert 2–3 Minuten, die (aktive) Pause 2–4 Minuten. Nach jedem Durchgang tauschen die Spieler und Anspieler die Rollen.

VARIATION:

❶ Das Spiel erfolgt nur mit drei Ballkontakten.

❷ Turnierform: Jenes Team, das einen Treffer «kassiert», muss das Spielfeld verlassen. Dafür rückt die am längsten pausierende Mannschaft ein. Wer «fährt» die meisten Siege ein?

❸ 3:3 + 6 Anspieler

TORSCHUSS NACH LAUFVORGABEN
(PARTNERFORM)

LAUFVORGABEN (PARTNERFORM)

48

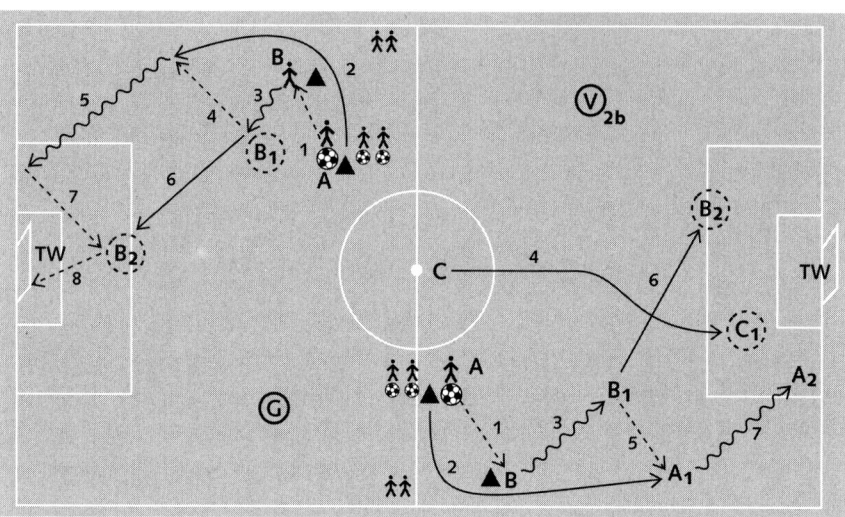

GERÄTE: Partnerweise ein Ball ● 2 Hütchen

TRAININGSORGANISATION: Ein Torhüter steht im Tor. Die Spieler organisieren sich partnerweise und sind mit einem Ball ausgestattet. Die beiden Partner stellen sich am Flügel im vorgegebenen Abstand der Markierungen von etwa 8–10 Metern auf. Bei zwei zur Verfügung stehenden Torhütern und ausreichenden Trainingsteilnehmern wird diese Übungsform auf beide Tore gleichzeitig ausgeführt.

ABLAUF DER ÜBUNG/DES SPIELS: Der im Ballbesitz befindliche Spieler A spielt einen Pass zu seinem am Flügel postierten Partner B. Im Anschluss an eine Ballan- und -mitnahme dribbelt Spieler B sofort diagonal nach innen, während der Passgeber zur selben Zeit im Rücken des Ballführenden nach außen hinterläuft. Daraufhin spielt B den Ball diagonal Richtung Außenlinie zum inzwischen auf der Außenbahn nachgerückten Mitspieler A. Nach Erlaufen des Balles dringt dieser bis zur Grundlinie vor und bedient von dort seinen Partner B per Rückpass. Spieler B «timt» seinen Lauf so, dass er zunächst außerhalb des Strafraums bleibt, um dann zur rechten Zeit in den Rückpass hineinzulaufen und mittels Direktabnahme abzuschließen.

VARIATION:

❶ Wechsel der Angriffseite.

❷ Ein dritter Spieler (C) läuft vom Anspielpunkt aus langsam geradeaus hinter den beiden am Flügel kooperierenden Spielern her, um dann a) außerhalb des Strafraumes auf einen durchkommenden Ball zu lauern oder b) mit Spieler B vor dem Sechzehnmeterraum zu kreuzen, sodass dann Spieler C «kurz» und Akteur B «lang» geht. (Vgl. Abb.)

LAUFVORGABEN (PARTNERFORM)

49

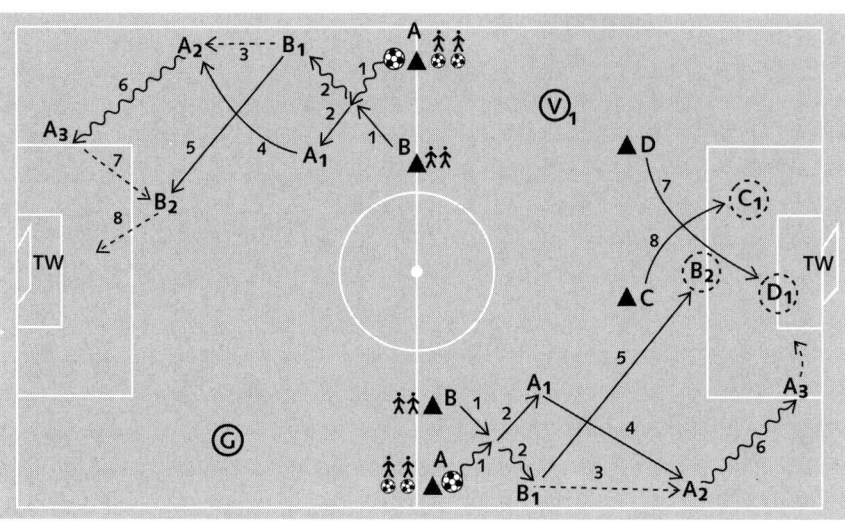

GERÄTE: Partnerweise ein Ball • 2–4 Hütchen

TRAININGSORGANISATION: Ein Torhüter ist im Tor postiert. Die Spieler, partnerweise aufgeteilt und mit einem Ball ausgestattet, formieren sich kurz vor der Mittellinie an den Markierungen zwischen Seitenauslinie und Anspielkreis. Der Abstand zwischen den Paaren beträgt ungefähr 10 Meter.

ABLAUF DER ÜBUNG/DES SPIELS: Der an der Seitenauslinie stehende Spieler A ist in Ballbesitz und dribbelt diagonal nach innen, während Partner B diagonal hinter dessen Rücken kreuzt. Bei dieser kreuzenden Bewegung übernimmt Spieler B nach einem Absatzkick oder Sohlenstopp den Ball von A. Im Anschluss an diese Ballübergabe setzen beide Spieler diesen diagonalen Lauf für etwa 5 Meter fort, bis der ballführende Mitspieler B einen Steilpass entlang der Seitenauslinie spielt. Diesen Pass erläuft Mitspieler A nach einem erneut kreuzenden Lauf. Einem kurzen, nach innen ausgerichteten Dribbling folgt dann ein Quer- bzw. Rückpass auf den nachrückenden Spieler B mit abschließendem Torschuss.

VARIATION:

❶ Zwei zusätzliche Stürmer, etwa 15 Meter außerhalb des Strafraums postiert, laufen im Moment des durch Spieler A nach innen ausgerichteten Dribblings kreuzend Richtung Strafraum. Passgeber B kreuzt erneut nach seinem Steilpass mit dem diagonal laufenden Partner A hinter dessen Rücken nach innen zur Sechzehnmeterlinie. (Vgl. Abb.)

❷ Die Flanke oder der Rückpass wird gezielt auf die Position C_1 gespielt (D_1 lässt den Ball passieren) und von C_1 gezielt und bewusst nach hinten für B_2 aufgelegt.

50

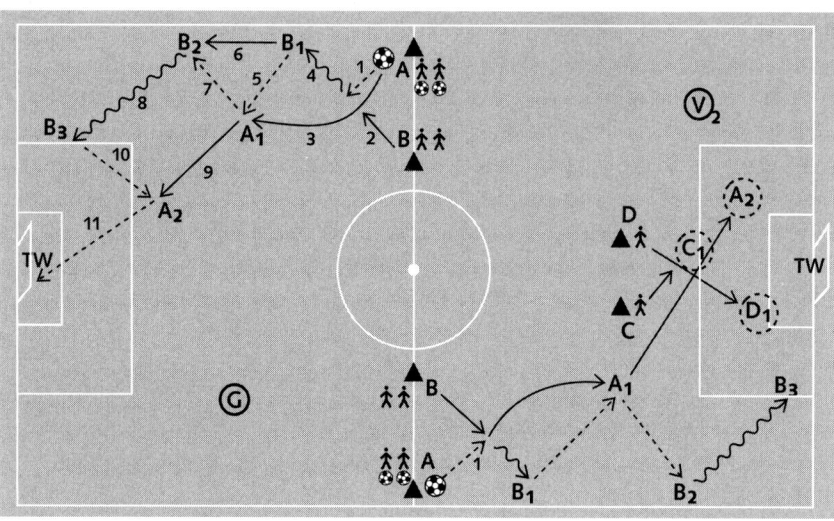

GERÄTE: Partnerweise ein Ball ● 2 (4) Hütchen

TRAININGSORGANISATION: Die Spieler sind paarweise formiert und mit einem Ball ausgestattet. Sie stellen sich an den im Abstand von 8–10 Metern aufgestellten Hütchen zwischen Anspielkreis und Seitenauslinie auf. Ein Torwart hütet das Tor.

ABLAUF DER ÜBUNG/DES SPIELS: Der neben der Seitenauslinie stehende Spieler A ist in Ballbesitz und passt den Ball diagonal nach vorn. Mitspieler B läuft diagonal in diesen Pass und dribbelt in der gleichen Richtung weiter zur Außenlinie. Der in der Zwischenzeit hinterlaufende Partner A wird nun mit einem Diagonalpass nach innen angespielt, den er jedoch wieder unmittelbar diagonal in den Lauf des nachrückenden Spielpartners B nach außen prallen lässt. Einem Dribbling Richtung Grundlinie folgt ein Rückpass, den der Spieler A in einen Torschuss umsetzt.

VARIATION:

❶ Etwa 25 Meter vor dem Strafraum auf Höhe des zweiten Pfostens ist ein Stürmer postiert, der sich zusätzlich Richtung kurze Pfosten orientiert, während Spieler A auf den zweiten Torpfosten zuläuft.

❷ Zwei außerhalb des Strafraums zusätzlich postierte «Spitzen» rücken etwas abgesetzt zu Partner A im kreuzenden Lauf nach. (Vgl. Abb.)

LAUFVORGABEN (PARTNERFORM)

51

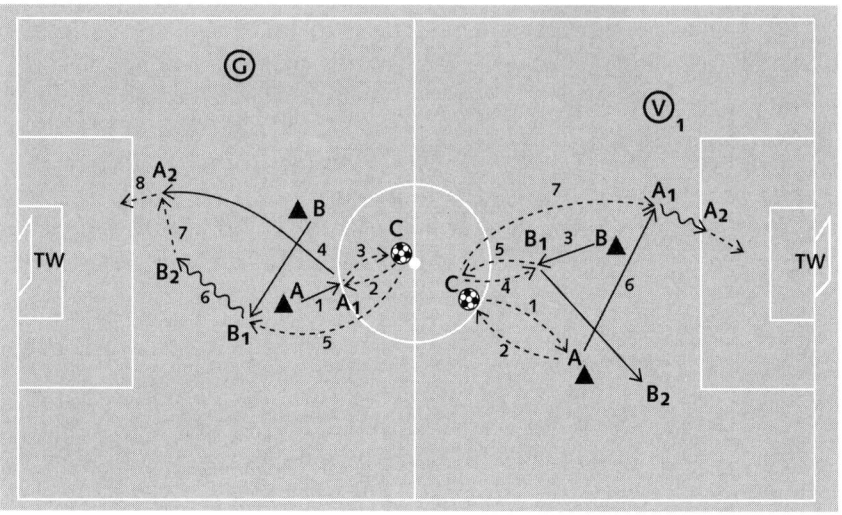

GERÄTE: Partnerweise ein Ball ● Evtl. 2 Hütchen

TRAININGSORGANISATION: Der Torhüter hat seine Position im Tor eingenommen. Die Spieler tun sich partnerweise, mit einem Ball ausgestattet, zusammen. Das erste Paar postiert sich kurz vor dem Anspielkreis im Abstand von 8–10 Metern. Ein (gelegentlich) wechselnder Zuspieler steht mit Ball am Anspielpunkt.

ABLAUF DER ÜBUNG/DES SPIELS: Nachdem Spieler A mit einem kurzen Antritt ein Zuspiel von C gefordert hat, lässt er dieses Anspiel sofort wieder zurückprallen. Im Anschluss an diesen Rückpass starten die beiden Partner A und B in einem kreuzenden Lauf Richtung Tor. Dabei erhält Spieler B einen präzise gespielten Pass in den Lauf von Anspieler C. Nach einem kurzen Dribbling spielt er einen Querpass zu seinem Mitspieler A, der den Angriff dann per Torschuss abschließt.

VARIATION:

❶ Dem ersten Pass in die Spitze zu A mit anschließendem Rückpass zum Anspieler folgt ein erneuter Pass zur zweiten Sturmspitze B. Erst auf deren Rückpass zu C kreuzen beide Spitzen und fordern damit den Pass in die Tiefe. (Vgl. Abb.)

❷ Nach dem Pass im Anschluss an den kreuzenden Lauf der beiden Spitzen kreuzen beide Spieler abermals, weil der ballführende Spieler seinen Mitspieler durch ein Diagonaldribbling zum Hinterlaufen «zwingt».

❸ Alle Varianten sind natürlich auch gegen einen abgesetzt postierten Abwehrspieler möglich (1 + 2 : 1).

LAUFVORGABEN (PARTNERFORM)

52

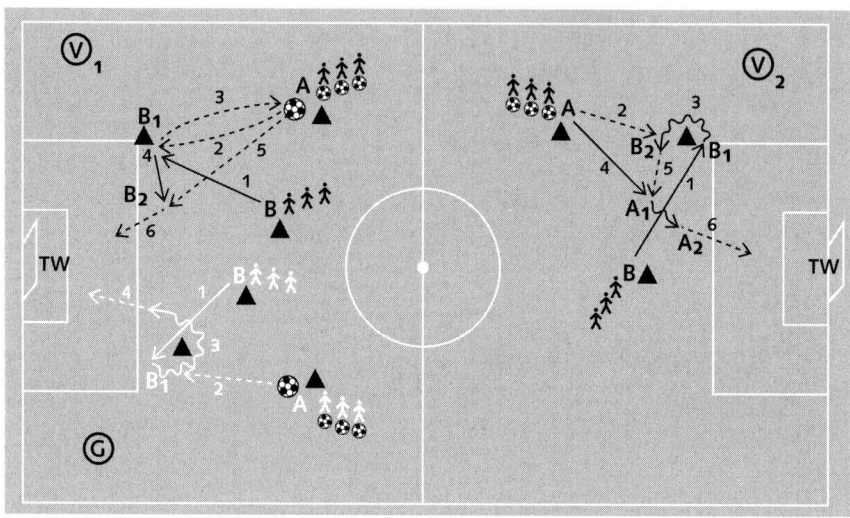

GERÄTE: Partnerweise ein Ball • 3 Hütchen

TRAININGSORGANISATION: Ein Torwart hütet das Tor. Etwa 25–30 Meter vor dem Tor wird mittels dreier Hütchen ein rechtwinkliges Dreieck mit den Seitenlängen von 12–15 Metern abgesteckt (vgl. Zeichnung). Die Trainingsteilnehmer teilen sich in zwei Gruppen auf. Die Spieler mit Ball reihen sich hinter Hut A auf, die jeweiligen Partner ohne Ball stellen sich hinter Hütchen B.

ABLAUF DER ÜBUNG/DES SPIELS: Das erste Paar beginnt, indem Spieler B ohne Ball zum freien Hütchen startet. Dort erläuft er den von seinem Partner in die Tiefe gespielten Ball, nimmt diesen mit einer Drehung nach innen um das Hütchen mit und schießt unmittelbar darauf auf das Tor.

VARIATION:

❶ Der auf die unbesetzte Markierung zustartende Spieler B lässt den Pass von A zurückprallen, dreht sich und fordert durch einen Antritt zur Mitte den diagonalen Pass in die Tiefe. Daraufhin wird er dann je nach Anweisung a) auf das Tor schießen, b) den Ball über den herauslaufenden Torhüter schlenzen oder c) diesen ausspielen. (Vgl. Abb.)

❷ Der Spieler B, der den Pass in die Tiefe erläuft, sichert diesen mit einer halben Drehung um das Hütchen und legt diesen Ball nun quer nach innen auf den nachrückenden Passgeber A. Dieser schließt dann per Torschuss ab. (Vgl. Abb.)

LAUFVORGABEN (PARTNERFORM)

53

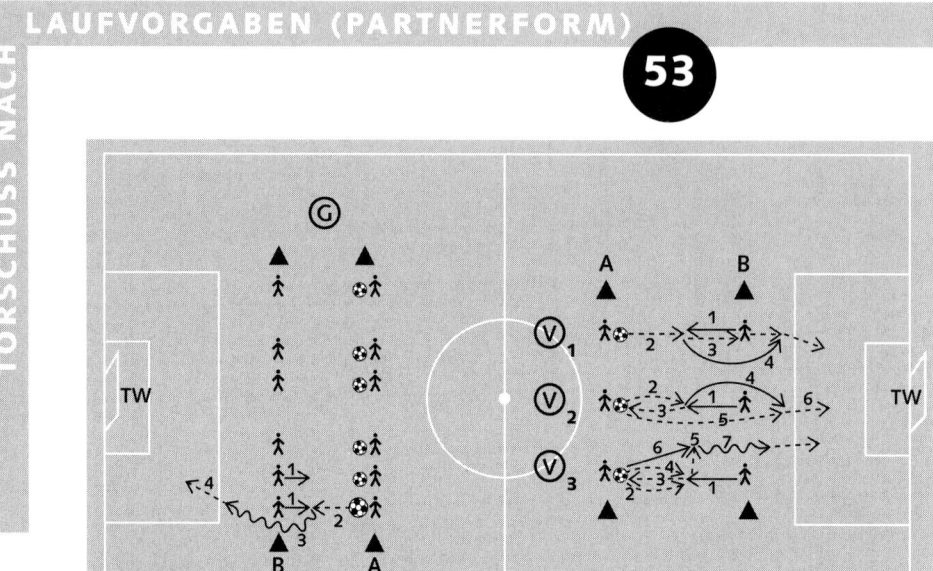

G E R Ä T E : Partnerweise ein Ball   4 Hütchen

T R A I N I N G S O R G A N I S A T I O N : Der Torhüter nimmt seinen Platz im Tor ein. Die Spieler tun sich paarweise zusammen. Zwischen den ersten beiden Hütchen, die 10 Meter parallel zur Strafraumgrenze stehen, stellen sich die mit B bezeichneten Spieler auf. Etwa weitere 10 Meter davon entfernt reihen sich auf der ebenfalls durch zwei Hütchen kenntlich gemachten Linie die mit A bezeichneten Partner in Ballbesitz auf.

A B L A U F   D E R   Ü B U N G / D E S   S P I E L S : Der Spieler A ist in Ballsitz. Er spielt den entgegenkommenden Partner B flach an, der dieses Zuspiel (nach einer Körpertäuschung) in einer Drehung mitnimmt und dann aufs Tor schießt.

Anmerkung: Die angeführten Varianten eignen sich hervorragend als Übungsreihe.

V A R I A T I O N :
Der Zuspieler (A) spielt den entgegenstartenden Partner (B) flach an …

❶ … B bricht seinen entgegenkommenden Lauf abrupt ab und lässt das Zuspiel durch seine geöffneten Beine rollen. Einer blitzschnellen Drehung mit einem explosiven Antritt folgt der Torabschluss. (Vgl. Abb.)

❷ … B lässt das Zuspiel sofort prallen und fordert durch einen Antritt in die Tiefe den Steilpass. (Vgl. Abb.)

❸ … B spielt den Pass zurück zu A. Das erneute Zuspiel in die Tiefe von Spieler A legt B nun quer. Der nachrückende Spieler im Rückraum schließt diese Kombination mit einem Torschuss ab. (Vgl. Abb.)

LAUFVORGABEN (PARTNERFORM)

54

TORSCHUSS NACH

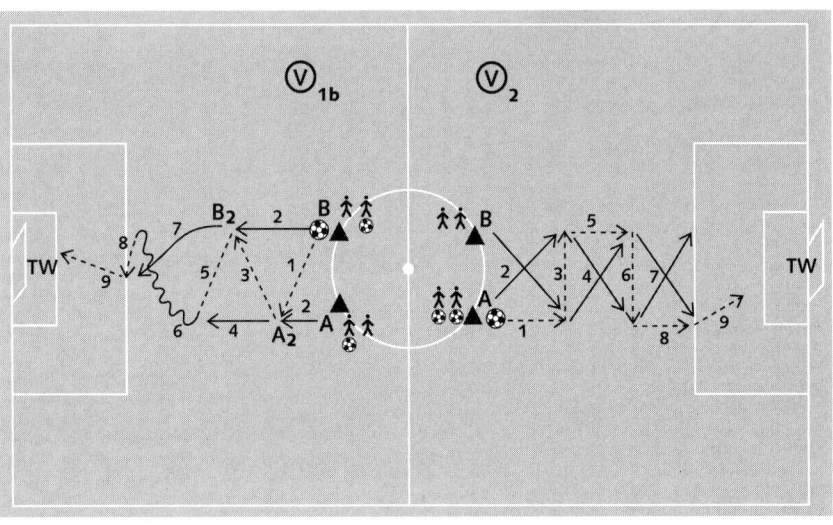

G E R Ä T E : Partnerweise ein Ball • 2 Hütchen

T R A I N I N G S O R G A N I S A T I O N : Das Tor ist durch einen Torhüter besetzt. Die Spieler treten partnerweise auf Höhe der am Anspielkreis zirka 6–8 Meter entfernt stehenden Markierungen an. Jedes Paar ist mit einem Ball ausgestattet.

A B L A U F   D E R   Ü B U N G / D E S   S P I E L S : Das erste Spielerpaar bewegt sich in Richtung Tor, indem es sich im Abstand von zirka 8 Metern den Ball im direkten Spiel zuspielt. Auf Höhe des Strafraumes schließt einer der beiden Spieler mit einem Torschuss ab.

V A R I A T I O N :

❶ Das Direktspiel erfolgt bis etwa 10 Meter vor den Strafraum. Dort nimmt z. B. Spieler A den Pass an, dribbelt diagonal auf die «Spur» seines Partners B zu, was diesen sofort veranlasst, im Rücken des ballführenden A zu kreuzen. Daraufhin wird der Ballführende a) entweder selbst auf das Tor schießen oder b) quer zum mitlaufenden Spieler B passen. (Vgl. Abb.)

❷ Nach jedem Zuspiel kreuzen die Paare ihre Wege. Dabei leitet der Spieler A den Ball ständig nur steil weiter, sein Partner B dagegen passt immer nur quer. (Vgl. Abb.)

LAUFVORGABEN (PARTNERFORM)

55

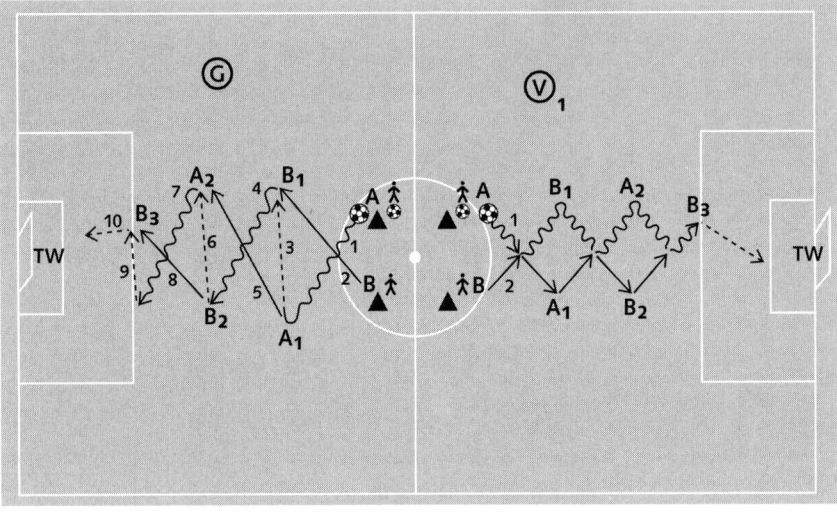

GERÄTE: Pro Spieler ein Ball

TRAININGSORGANISATION: Das Tor wird durch einen Torhüter besetzt. Die mit je einem Ball ausgestatteten Spielerpaare formieren sich am Anspielkreis im Abstand der von 8–10 Metern angebrachten Markierungen.

ABLAUF DER ÜBUNG/DES SPIELS: Spieler A in Ballbesitz dribbelt diagonal, während Spieler B ohne Ball ebenfalls diagonal hinter dessen Rücken kreuzt. Hat der ballführende Spieler A die ursprüngliche Laufbahn von B erreicht, spielt er einen Querpass zu dem nun auf der gegenüberliegenden Seite geradeaus laufenden Mitspieler B. Nach der Annahme des Querpasses kreuzen beide Spieler erneut – allerdings nun mit vertauschten Rollen. Das heißt: Spieler B dribbelt diagonal und A hinterläuft ohne Ball in dessen Rücken. In Strafraumnähe wird diese Kombinationsform durch einen Torschuss abgeschlossen.

VARIATION:

❶ Spieler A und B kreuzen ihre Wege, indem der ballbesitzende Spieler A diagonal dribbelt und dabei dem im Rücken kreuzenden Mitspieler per Sohlenstopp (oder Absatzkick) den Ball überlässt. Während A nun seinen Diagonallauf ohne Ball fortsetzt, dribbelt B in die entgegengesetzte Richtung. Anschließend wiederholen beide Spieler diese kreuzenden Lauf- und Dribbelwege, bis aus entsprechender Entfernung auf das Tor geschossen werden kann. (Vgl. Abb.)

LAUFVORGABEN (DREIERGRUPPEN)

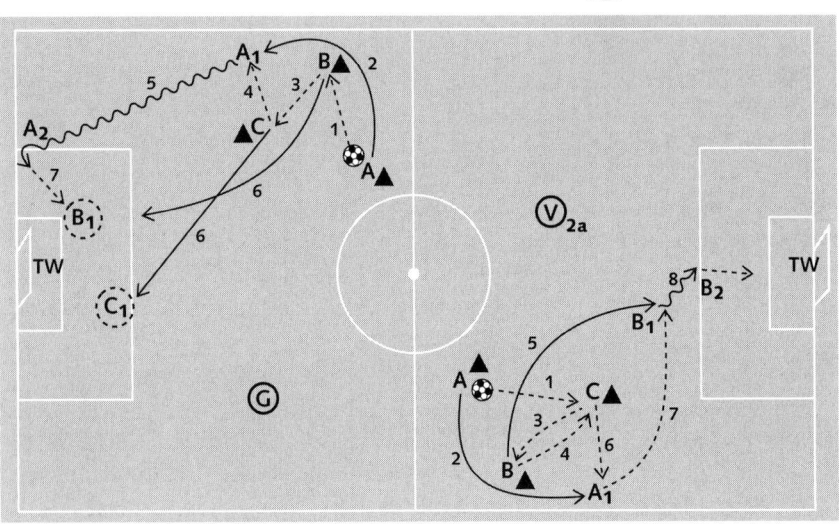

GERÄTE: Pro Dreiergruppe ein Ball ● 3 Hütchen

TRAININGSORGANISATION: Das Tor wird von einem Torwart gehütet. Die Spieler gruppieren sich jeweils zu dritt und sind mit einem Ball ausgestattet. Zwei Spieler nehmen am Flügel in einer Entfernung von etwa 6–10 Metern zueinander Aufstellung. Der dritte Spieler postiert sich an der ungefähr 10 Meter vor seinen Mitspielern angebrachten Markierung.

ABLAUF DER ÜBUNG/DES SPIELS: Der ballbesitzende Spieler A spielt einen Pass zu dem am Flügel wartenden B und hinterläuft daraufhin sofort seinen angespielten Partner. Spieler B passt den Ball nach einer kurzen Ballkontrolle (direkt) diagonal nach vorn zu C weiter. Dieser wiederum lässt den Ball direkt in den Lauf des inzwischen hinterlaufenden Spielers A prallen. Nach einem Dribbling auf die Grundlinie legt Spieler A auf einen seiner beiden nachrückenden und zuvor kreuzenden Mitspieler zum Torschuss auf.

VARIATION:

❶ Der auf die Grundlinie zudribbelnde Spieler ist angehalten, eine Flanke auf den «lang» laufenden Spieler C zu ziehen. Dieser soll dann dem zweiten, jetzt bewusst im Rückraum abgesetzten Kollegen B (quer oder nach hinten) auflegen. Somit schließt B den Angriff ab.

❷ Nach dem Zuspiel von A zu Spieler C lässt C den Pass sofort zu B nach hinten prallen. Mitspieler B leitet dieses Zuspiel ebenso im direkten Spiel wieder nach vorn zu Partner C weiter. In der Zwischenzeit hat der den Eröffnungspass spielende Akteur A seinen Kollegen B hinterlaufen und wird nun von C am Flügel angespielt. Dieser setzt jetzt a) sofort den diagonal nach innen gelaufenen B mit einem Pass in die Mitte ein oder b) dringt selbst bis zur Grundlinie vor und passt auf die nachrückenden Spieler B und C zurück. (Vgl. Abb.)

LAUFVORGABEN (DREIERGRUPPEN)

57

G E R Ä T E : Pro Dreiergruppe ein Ball   Evtl. 3 Hütchen

T R A I N I N G S O R G A N I S A T I O N : Ein Torhüter hat im Tor Position bezogen. Die Spieler gruppieren sich jeweils zu dritt. Sie sind pro Dreiergruppe mit einem Ball ausgestattet und nehmen an den als gleichschenkliges Dreieck angeordneten Hütchen zwischen Seitenauslinie und Anspielkreis Aufstellung. Die Markierungen sind wie folgt aufgestellt: Das hinterste, an der Mittellinie etwa 10 Meter vom Flügel postierte Hütchen steht im Abstand von ungefähr 12 Metern zum davor stehenden Hütchen. Der dritte Kegel ist in der gleichen Entfernung nach innen eingerückt.

A B L A U F   D E R   Ü B U N G / D E S   S P I E L S : Der in Ballbesitz befindliche, hintere Spieler A passt zu seinem vor ihm postierten Mitspieler B, der den Ball mit viel Gefühl quer in Richtung Außenlinie prallen lässt. Der diesen Querpass erlaufende A spielt sofort einen Steilpass entlang der Seitenauslinie auf den diagonal laufenden dritten Mitspieler C. Das in der vorangegangenen Aktion Doppelpass spielende Pärchen A und B rückt nun versetzt nach innen Richtung Strafraum ein, um die nach einem kurzen Dribbling (oder Durchbruch zur Grundlinie) durch Spieler C gezogene Flanke zu verwerten.

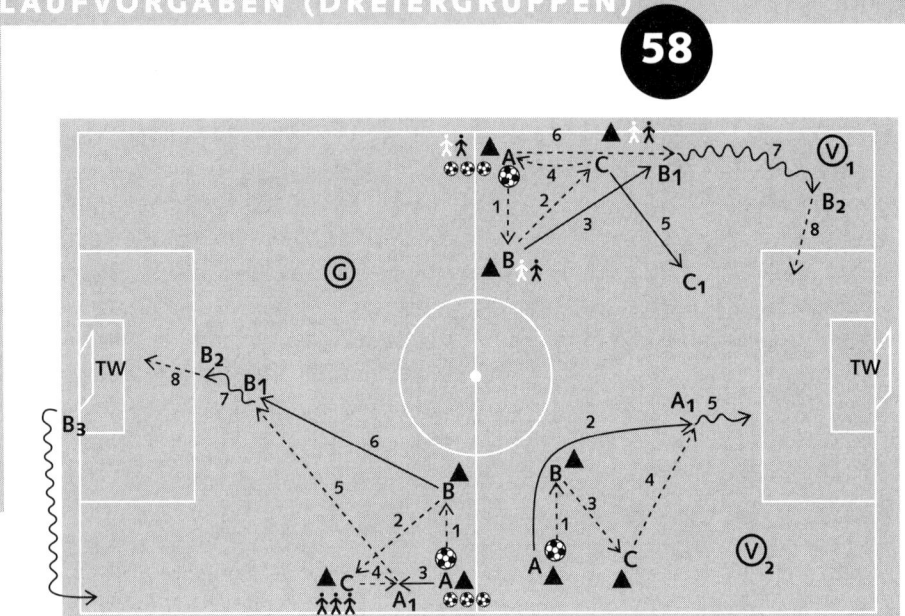

GERÄTE: Pro Dreiergruppe ein Ball   ● 3 Hütchen

TRAININGSORGANISATION: Im Bereich Mittellinie/Seitenauslinie wird ein durch Hütchen abgestecktes Dreieck mit der Seitenlänge von zirka 15 Metern erstellt. Die drei Eckpunkte werden von Spielern besetzt, der ballbesitzende Spieler ist am hinteren äußeren Hütchen postiert.

ABLAUF DER ÜBUNG/DES SPIELS: Spieler A beginnt mit einem Querpass nach innen zu B. Dieser leitet das Zuspiel im direkten Spiel diagonal weiter zu C. Spieler C lässt den Ball ebenfalls direkt zum entgegenkommenden A prallen, der daraufhin den zwischenzeitlich in Richtung Tor startenden Mitspieler B mit einem Diagonalpass in die Tiefe bedient.

Ein neuer Angriff beginnt, indem a) eine komplett neue Dreiergruppe mit der Übung fortfährt oder b) Akteur A auf die Position von B rückt und Partner C den Posten von A einnimmt. In diesem Fall reihen sich die nachrückenden Spieler hinter C auf.

VARIATION:

❶ Vgl. Original: Spieler B startet nach seinem Abspiel zu C jetzt diagonal nach außen weg, und C tritt im Anschluss an seinen Rückpass zu A diagonal nach innen an. Der Pass von A erfolgt nun steil in den Lauf von Mitspieler B, der dann den Ball in die Mitte zum mitlaufenden C zurückpasst. Dieser vollendet schließlich den Angriff. (Vgl. Abb.)

❷ A eröffnet die Kombination, indem er Partner B anspielt und diesen hinterläuft. Währenddessen passt Spieler B diagonal zu C, der sogleich mit einem direkt gespielten Diagonalpass in die Tiefe Spieler A in Szene setzt. A schließt diesen Angriff a) per Torschuss ab oder b) spielt den Torhüter aus. (Vgl. Abb.)

LAUFVORGABEN (VIERERGRUPPEN)

59

GERÄTE: Pro Vierergruppe ein Ball ● 4 Hütchen

TRAININGSORGANISATION: Ein Torwart hütet das Tor. Die Spieler organisieren sich jeweils zu viert. Zwei Spieler davon stellen sich etwa 8 Meter voneinander entfernt auf dem rechten Flügel auf. Der dritte Spieler postiert sich an jener Markierung, die kurz vor dem Strafraum ungefähr 20 Meter von diesen beiden Mitspielern erstellt ist. Der vierte Kollege wartet am Hütchen, das auf dem gegenüberliegenden Flügel platziert ist. Auf jede Vierergruppe kommt ein Ball.

ABLAUF DER ÜBUNG/DES SPIELS: Die Kombination wird mit einem Pass von Spieler A nach B eröffnet. Spieler B passt nach einer kurzen Ballkontrolle zum entgegenkommenden Partner C in die Tiefe und setzt danach zum Lauf in Richtung 2. Pfosten an. C lässt das Zuspiel sofort zum hinterlaufenden Spieler A (quer) nach außen prallen. Diesen Querpass schlägt A nun (direkt) auf den anderen Flügel zu Spieler D. Die Akteure A und C kreuzen daraufhin ihre Wege. Nach der Mitnahme des Balles dribbelt D in Richtung Grundlinie, um von dort einen seiner drei nachrückenden Mitspieler in Szene zu setzen.

VARIATION:

❶ A spielt zu B. Nach dem Zuspiel in die Tiefe von B nach C folgt anstelle des Querpasses nach außen zum hinterlaufenden A ein Rückpass zum Passgeber B. Dieser ist nun angehalten, den Flugball auf den anderen Flügel zu D zu spielen. Spieler A rückt nach dem Hinterlaufen ebenso zur Mitte ein wie Spieler B und C.

❷ A passt zu B, um daraufhin in Richtung Mitspieler D zu starten. B leitet direkt zum sich anbietenden Spieler C weiter, der wiederum zu B prallen lässt. Diesem Rückpass folgt der öffnende Pass zu D. D nimmt den Pass an und spielt nun mit dem entgegenkommenden A einen Doppelpass. (Vgl. Abb.)

GERÄTE: Pro Spielerpaar ein Ball ● 4 Hütchen

TRAININGSORGANISATION: Ein Torwart hat im Tor Aufstellung genommen. Zwei Sturmspitzen stehen auf Höhe des Strafraumes, zwei weitere Stürmer postieren sich als «Wechsler» neben dem Tor. Alle anderen Spieler organisieren sich partnerweise an den etwa 10 Meter auseinander stehenden Hütchen, die vor der Mittellinie zwischen Seitenauslinie und Anspielkreis angebracht sind. Jedes Paar hat einen Ball.

ABLAUF DER ÜBUNG/DES SPIELS: Das erste Pärchen beginnt, indem Spieler A einen Pass nach außen zu B spielt und den nun diagonal nach innen dribbelnden Partner B hinterläuft. Inzwischen hat sich einer der beiden Sturmspitzen, Spieler C, aus der Spitze gelöst, um seine Anspielbereitschaft zu signalisieren. C erhält nun einen Pass von Spieler B, den er unmittelbar in den Lauf des hinterlaufenden A nach außen prallen lässt. Während jetzt der ballannehmende Spieler A in Richtung Grundlinie dribbelt, um von dort aufzulegen, kreuzen die beiden Sturmspitzen C und D miteinander. Auch Mitspieler B rückt nach seinem Zuspiel auf C etwas abgesetzt zu den Spitzen zum Torschuss nach. Nach dem Torabschluss müssen vor dem neuen Angriff zuerst alle Spieler das Feld räumen und die beiden neuen Sturmspitzen Position bezogen haben.

VARIATION:

❶ Das Wandspiel der Sturmspitze erfolgt nicht als Querpass zum hinterlaufenden A, sondern als Rückpass zu Passgeber B. Dieser spielt dann dem hinterlaufenden und an der Seitenauslinie nachrückenden Spieler A steil in den Lauf. (Vgl. Abb.)

❷ Dem Pass zur Sturmspitze (C) mit anschließendem Rückpass zu B folgt sofort ein zweiter Pass in die Tiefe zur zweiten Spitze (D), die dann mit einem Querpass nach außen den hinterlaufenden Spieler A ins Spiel bringt.

Literatur

Bauer, G.: Lehrbuch Fußball. München 1990
Bauer, G.: Fußballtechnik heute. München 1998
Bisanz, G. / Gerisch, G.: Fußball – Training, Technik, Taktik. Reinbek 1984
Bisanz, G. / Vieth, N.: Grundlagen- und Aufbautraining. Münster 1995
Kollath, E.: Fußball – Technik und Taktik. Aachen 2000
Weineck, J.: Optimales Fußballtraining. Erlangen 1992

Zeitschriften

Fußballtraining. (Hrsg.) G. Bisanz, Zeitschrift für Trainer, Sportlehrer und Schiedsrichter (erscheint monatlich). Philippka-Verlag, Münster
Der Fußballtrainer. Sportverlag Schmidt und Dreisilker GmbH, Sindelfingen
BDFL-Journal. (Hrsg.) Verbandszeitschrift des Bundes Deutscher Fußballlehrer e. V. Frankfurt

Der Autor

Rolf Mayer, geb. 1953, Studium der Pädagogik und der Fächer Sport und Deutsch in Karlsruhe, Sonderpädagogik in Heidelberg, Grund- / Haupt- und Sonderschullehrer. Aktive Laufbahn als Spieler in der damaligen Jugendverbandsliga und in der 1. und 2. Amateurliga. Überfachlicher Übungsleiter, Jugendtrainer, B- und A-Lizenz des DFB. Trainertätigkeit über 17 Jahre in fünf verschiedenen Spielklassen der Herren und in der Damenbundesliga, als Fördertrainer und Kreisübungsleiter des Fußballkreises Pforzheim; Honorartrainer des Badischen Fußballverbandes seit 1991. Lehrbeauftragter für das Fach Fußball an der Uni Karlsruhe.
Im Rowohlt Taschenbuch Verlag sind von Rolf Mayer bereits *Spieltraining Fußball* (rororo Sport 8674), *Fußball trainieren* (rororo Sport 9421) und *Fußball-Kurzprogramme* (rororo Sport 19 477) erschienen.